JAHRBUCH DER PSYCHOANALYSE

Beiheft 8

TRAUMA
KONFLIKT
DECKERINNERUNG

Arbeitstagung der
Mitteleuropäischen Psychoanalytischen Vereinigungen
vom 4.–8. April 1982 in Murten

Herausgegeben von
Rosmarie Berna-Glantz und Peter Dreyfus

frommann-holzboog

CIP-Kurztitelaufnahme der Deutschen Bibliothek

Trauma – Konflikt – Deckerinnerung /
Arbeitstagung d. Mitteleurop. Psychoanalyt.
Vereinigungen vom 4.–8. April 1982 in Murten.
Hrsg. von Rosmarie Berna-Glantz u. Peter Dreyfus. –
Stuttgart-Bad Cannstatt : frommann-holzboog, 1984.
(Jahrbuch der Psychoanalyse : Beih. ; 8)
ISBN 3-7728-0881-6

NE: Berna-Glantz, Rosmarie, [Hrsg.]; Arbeitstagung
der Mitteleuropäischen Psychoanalytischen Vereinigungen
⟨12, 1982, Murten⟩; Jahrbuch der Psychoanalyse / Beiheft

Satz und Druck: Laupp & Göbel, Tübingen 3 (Kilchberg)
Einband: Otto W. Zluhan, Bietigheim

Inhalt

Vorwort

Die in diesem Band gesammelten Arbeiten wurden auf der zwölften Arbeitstagung der Mitteleuropäischen psychoanalytischen Vereinigungen vom 4. – 8. April 1982 in Murten gehalten. Das Thema dieser Tagung: „Trauma – Konflikt – Deckerinnerung" ist ohne Kenntnis seiner Vorgeschichte wohl nicht ganz verständlich. 1980 hatte in Bamberg die elfte Arbeitstagung stattgefunden. Ihr eignete in der Reihe dieser mitteleuropäischen Tagungen ein besonderer Charakter, befaßte sie sich doch mit der „Wiederkehr von Krieg und Verfolgung in den Psychoanalysen". Sie war für die meisten Teilnehmer ein emotional bewegendes, teilweise auch belastendes Erlebnis. Zum Schluß blieb der Eindruck, es sei manches in diesem Rahmen zum ersten Mal ausgesprochen worden, vieles angerührt, was der persönlichen Verarbeitung bedurfte, aber auch im Rahmen der psychoanalytischen Vereinigungen nach theoretischer Vertiefung rief. Dem Bestreben, die Einwirkungen von Kriegs- und Verfolgungserlebnissen auf die psychische Entwicklung mit einem psychoanalytischen Konzept zu fassen, bot sich der Begriff des Traumas an. Die klinische Erfahrung, daß nicht allein die Intensität eines Traumas dafür ausschlaggebend ist, ob und wann es zu einer psychischen Erkrankung führt, legte es nahe, diesem Begriff diejenigen des Konfliktes und der Deckerinnerung hinzuzufügen. Im Titel wurde damit der folgende Gedankengang angedeutet: Ein Trauma kann einen aktuellen oder latent vorhandenen Konflikt so verschärfen, daß das Ich ihn mit den seiner Entwicklungsphase entsprechenden Mitteln nicht mehr bewältigen kann. Die im Bewußtsein bewahrte Erinnerung an ein Trauma kann sich unter Umständen in der Analyse als eine Deckerinnerung erweisen. Damit war den Referenten die Möglichkeit gegeben, das Thema der vergangenen Arbeitstagung weiterzuführen oder auch sich dem Einfluß von Traumata anderer Herkunft auf die psychische Struktur zuzuwenden.

Die „Rück- und Vorschau", mit der die Tagung in Murten abgeschlossen wurde, soll diesem Band als Vorwort dienen. Sie ist nicht als zusammenfassende Inhaltsangabe der nachfolgenden Arbeiten zu verstehen, sondern eher als ein Versuch, eine persönliche Reflexion zu formulieren, welche die Vorträge und Diskussionen in mir ausgelöst hatten. Vielleicht entstand der Wunsch, die Referate von Murten nochmals im Zusammenhang lesen zu können und sie auch in dieser Zusammensetzung einem größeren Leserkreis nahezubringen aus ähnlichen Eindrükken.

Das erste Referat der Tagung rief einleitend Freud's Definition des psychischen Traumas von 1915 in Erinnerung. Das Trauma wird dort beschrieben als „ein Erlebnis, welches dem Seelenleben innerhalb kurzer Zeit einen so starken Reizzuwachs bringt, daß die Erledigung oder Aufarbeitung desselben in normal-gewohnter Weise mißglückt". Ob ein Ereignis eine traumatisierende Wirkung hat oder nicht, ist abhängig von der Intensität des Reizes, von der Persönlichkeitsstruktur des Betroffenen und von der Entwicklungsphase, in der er sich befindet.

Manches wurde in Murten über verschiedene Arten von Traumata gesagt. Es wurde zum Beispiel erwähnt, isolierte Traumata, etwa eine Tonsillektomie oder eine Phimoseoperation könnten unter gewissen Umständen zu Fixierungspunkten Anlaß geben und so Ursache neurotischer Entwicklung werden. Die wichtigste, große Unterscheidung, die sich im Zusammenhang mit dem Thema der vorangegangenen Tagung formulieren läßt, ist diejenige zwischen individuellen Traumata, die sich im Rahmen einer im großen ganzen gesehen stabil bleibenden Umwelt ereignen, und jenen Traumatisierungen, die mit einer allgemeinen Veränderung oder einem allgemeinen Zusammenbruch der gewohnten Objektwelt einhergeht. Zu diesen gehören die Extremtraumatisierungen, wie sie durch Krieg, Verfolgung, Konzentrationslager Menschen zugefügt wurden, „Extremsituationen, die das gewohnte Leben eines Menschen abrupt unterbrechen, ihn in der Regel seiner tragenden Beziehung berauben und die Kohärenz der verinnerlichten Objektbeziehungen und des Selbst massiv gefährden" (siehe Vortrag von Heinz Müller-Pozzi). Auch die langanhaltende Dauer der traumatisierenden Zustände oder eine Folge von massiven Traumata – die sequentielle Traumatisierung – wirken sich zerstörend auf die Persönlichkeitsstruktur aus, da sie keine Erholung vom Trauma erlauben. Denken wir an die vorhin erwähnten drei Variablen, die zu einem psychischen Trauma führen, so liegt hier der Akzent auf der ungeheuren Intensität der nicht zu bewältigenden Reize sowie auf einer vierten Variablen, die das Maß der Kontinuität oder Diskontinuität der Objektwelt betrifft.

Wo von individuellen Traumata die Rede war, richtete sich das Interesse vorwiegend auf die frühe Kindheit, jene Entwicklungsphasen, die für die Bildung der psychischen Struktur entscheidend sind und in denen sich Traumatisierungen dementsprechend besonders folgenschwer auswirken. In diesem Zusammenhang wurde neben den bereits erwähnten „isolierten" Traumata, die die Tendenz haben, sich in späteren Entwicklungsphasen zu wiederholen, auf kumulative oder Entwicklungstraumata, die die phasengemäße Entwicklung wichtiger Bereiche der psychischen Struktur verhindern, hingewiesen.

Die Tagungsteilnehmer beschäftigten sich nicht nur mit der Entstehung von psychischen Traumatisierungen, sondern auch mit der Frage nach den nachträglichen Verarbeitungsmöglichkeiten. Diese hängen von denselben Gegebenheiten ab wie das Zustandekommen von Traumata. Die Stabilität der Umwelt, die Kontinuität realer und verinnerlichter Objektbeziehungen, scheint für die Art und Weise, wie ein Trauma verarbeitet werden kann, eine mindestens ebenso große, wenn nicht noch wichtigere Rolle zu spielen, wie für seine Entstehung.

Der Begriff der Deckerinnerung bezeichnet eine besondere Verarbeitungsform von Traumata, die nach dem Spracherwerb und vor der Latenzphase erlitten wurden. Sie ist vermutlich mit einer besonderen Persönlichkeitsstruktur verbunden.

Obwohl der Begriff des psychischen Konfliktes im Tagungsthema genannt ist und für die Formulierung des Themas wesentlich war, war von ihm in den Referaten und Diskussionen relativ wenig die Rede. Dies mag damit zusammen hängen, daß das Interesse immer wieder mit Nachdruck entweder den Extremtraumatisierungen oder den Traumatisierungen der frühen praeoedipalen Entwicklungsphasen galt. Der Aspekt des Ausgeliefertseins, der Wehrlosigkeit einer nicht zu bewältigenden Einwirkung von außen, hat die Beteiligung der psychischen Dynamik am Zustandekommen des psychischen Traumas dadurch vielleicht überschattet. Implizit jedoch war die Bedeutung des Konfliktes gerade in der Feststellung enthalten, daß für Zustandekommen wie für

Auswirkung und Verarbeitung eines Traumas die Entwicklungsphase, in der es sich ereignet, ausschlaggebend sei. Gilt es doch in jeder Entwicklungsphase, ihre phasenspezifischen Konfilkte zu lösen.

Die Fallberichte gaben Einblick in Möglichkeiten der erneuten, integrativen Verarbeitung erlittener Traumatisierungen im Laufe eines psychoanalytischen Prozesses. Sie geschieht durch die Wiederbelebung der Affekte, die im traumatisierten Zustand nicht wahrgenommen werden konnten. Um schädigende Auswirkungen des traumatisierenden Ereignisses aufzuheben, muß die historische Wahrheit des Traumas wiedergefunden werden, doch handelt es sich dabei um eine emotionale, psychische Wahrheit. Die Suche nach der Rekonstruktionsmöglichkeit dieser individuellen Wahrheit ist ebenso wichtig wie das Wissen um den Unterschied zwischen solcher Wahrheit und einem sogenannt objektiven Tatsachenbericht. Es entspricht der Vielschichtigkeit der psychischen Wahrheit, daß die Bedeutung des traumatischen Ereignisses – wie anderer Ereignisse – sich im Laufe einer Analyse verändert.

Die Schilderung der unverzüglichen, tatkräftigen Hilfe, die der von der Geiselnahme betroffenen Bevölkerung von Bovensmilde zuteil wurde, zeigt, wie psychoanalytische Erkenntnisse über die Bedingungen, welche die Verarbeitung eines Traumas erleichtern, in einer akuten Situation angewendet werden konnten. Welche Bedeutung der Unterscheidung zwischen individuellen Traumatisierungen und solchen, die sich im Rahmen von die wichtige Objektwelt eines Menschen mitbetreffenden Katastrophen ereignen, für die psychoanalytische Behandlung zukommt, ist eine Frage, die weiterer Untersuchungen bedürfte.

*

Die letzte Sitzung der Arbeitstagung, war mit „Rück- und Vorschau" überschrieben. In meiner Überlegung gewann dieser Titel, der eine gemeinsame Evaluation der zu Ende gehenden und erste Vorschläge für die nächste Arbeitstagung einleiten sollte, eine eigene Bedeutung:

Was wir in diesen Tagen taten, war vorwiegend Rückschau. Wir haben uns mit Traumata befaßt, die in der Vergangenheit stattgefunden haben, haben versucht, ihre Auswirkung zu verstehen um zugleich unsere Fähigkeit, die Schädigungen aufzulösen oder zu mildern, zu verbessern. In der Psychoanalyse befassen wir uns stets mit der Vergangenheit, jedoch so, daß wir in der Deutungsarbeit Vergangenheit und Gegenwart miteinander in Beziehung setzen. Die Deutung der Vergangenheit geht von der gelebten Gegenwart in der Übertragung aus und zielt auf die Auflösung schädigender Auswirkungen vergangener Ereignisse und ihrer Verarbeitung in der Gegenwart ab.

Der Präsident der Schweizerischen Gesellschaft für Psychoanalyse, Peter Dreyfus, konfrontierte uns am Anfang der Tagung mit einer Art Vorschau, indem er uns den Text der „Resolution gegen den nuklearen Krieg" der Internationalen Psychoanalytischen Vereinigung vorlas. In diesem Text wird die Vorstellung einer uns bedrohenden, potentiellen Extremtraumatisierung unbegreiflichen Ausmaßes vor uns hingestellt. Wie verhalten wir uns angesichts einer derartigen Bedrohung? Können uns die psychoanalytischen Einsichten, die wir in der Beschäftigung mit vergangenen und noch wirksamen Traumatisierungen gewinnen, helfen, Einblick in unseren eigenen Umgang mit solch extremer Bedrohung zu nehmen? Wir wissen, die Bedrohung durch einen atomaren Krieg ist nur eine der Quellen, aus denen extreme Gefahren drohen – denken wir an Berichte wie die eines „Club of Rome" und ähnliche Informationen über Zerstörung des Lebensraumes, Bevölkerungsexplosion und anderes mehr. Was setzen wir Informationen entgegen, die ein unerträgliches Maß an Angst, Furcht und Schrecken in uns auslösen müßten? Welche Abwehrmechanismen setzen wir ein? Einer wird in der Resolution genannt, die Verleugnung, und wir sind dort aufgerufen, alles zu tun, um diese Verleugnung aufzuheben. Doch, was steht hinter der Verleugnung? Kann das Aufheben der Verleugnung allein positive, sinnvolle Aktivitäten freisetzen? Sind nicht noch viele andere Abwehrarten am Werk? Um nur dies zu nennen: Gibt nicht etwa das Schaffen von Sündenböcken Entlastung dadurch, daß es Aggressionen und Aktivitäten eine Richtung zu geben vermag? Das Unbequeme an der Psychoanalyse ist aber von Anfang an, daß sie uns auffordert, die verpönten Impulse in uns selbst wahrzunehmen. Was tun wir also, um der vielleicht unerträglichsten Bedrohung, dem Zustand völliger Ohnmacht zu entgehen? Welches Maß an Abwehr und welche Art von Abwehrmechanismen sind notwendig, um mit solchen Informationen die alltäglichen Aufgaben des Lebens weiterführen zu können?

Es war die Rede von „Überlebensstrategien“ auf verschiedenen psychischen Entwicklungsniveaus, je nach psychischer Struktur, die unter den Bedingungen extremer Traumatisierung in Vernichtungslagern ausgebildet wurden. Hat vielleicht auch die Drohung potentieller Traumatisierung die Wirkung, eine Art von „Überlebensstrategien“ hervorzurufen? Es wurde allerdings auch darauf hingewiesen, daß Überlebensstrategien andere Fähigkeiten fördern als diejenigen, die uns für das Zusammenleben in „normalen“ Situationen geeignet machen, etwa Vertrauen und Liebesfähigkeit. Müßte sich eine vorschnelle Ausbildung von Überlebensstrategien nicht zerstörerisch auf unsere Beziehungsfähigkeit auswirken und so Katastrophen eher provozieren als ihnen entgegen zu arbeiten?

Es gäbe in diesem Zusammenhang viele Fragen, die es wert wären, formuliert zu werden, um unsere Wahrnehmungsfähigkeit zu schärfen. Fragen nicht nur nach der Abwehr, sondern nach den unbewußten Phantasien, auf welche die bedrückenden Informationen in uns treffen und sie mobilisieren oder verstärken. Welche Macht haben diese Phantasien? Sind nicht auch hier unsere Reaktionen abhängig von der Persönlichkeitsstruktur eines jeden von uns, aber auch von der Entwicklungsphase, in der wir stehen – ich denke an die verschiedenen Abschnitte des Erwachsenenalters mit ihren je verschiedenen Aufgaben und Konflikten, die zu bewältigen sind. In der eingangs erwähnten Definition des psychischen Traumas wird darauf hingewiesen, daß das unerwartete Eintreten der massiven Bedrohung die traumatisierende Wirkung und damit die Außerkraftsetzung unserer Ichfunktionen fördert. So werden wir wohl im Suchen nach lebenserhaltenden Einsichten dem Leben besser dienen als in dem Augenblick, wo wir uns im Besitz einer gesicherten Lösung wähnen.

Rosmarie Berna-Glantz

Gegenseitige Beziehung zwischen Deckerinnerung und Trauma

Han Groen-Prakken

Obwohl ich weiterhin die Deckerinnerung zum Ausgangspunkt meiner Einleitung machen werde, glaube ich doch, daß es notwendig ist, zunächst genau zu beschreiben, in welchem Sinne der Begriff „Trauma" hier verwendet wird, um Mißverständnissen zuvorzukommen. In seinen „Vorlesungen" (Die Fixierung an das Trauma, das Unbewußte) umschreibt Freud 1915 das Trauma als „ein Erlebnis, welches dem Seelenleben innerhalb kurzer Zeit einen so starken Reizzuwachs bringt, daß die Erledigung oder Aufarbeitung desselben in normalgewohnter Weise mißglückt".

Solch ein Trauma kann also die Folge eines somatischen Eingriffs, eines Unglücks usw. sein; aber sehr oft ist es die Folge eines Ereignisses, das das psychische Gleichgewicht in erheblicher Weise stört.

Welche Reizmengen eine traumatisierendeWirkung haben, ist abhängig von der Intensität der Reize, von der Stärke der Persönlichkeitsstruktur und von der Entwicklungsphase, in der das Individuum sich befindet. Zum Beispiel kann eine Trennung von der Mutter von etwa drei Wochen für einen Säugling eine ganz andere Bedeutung haben als für den Adoleszenten. Das Trauma der Tonsillektomie ist am größten während der ödipalen Phase. Isolierte Traumata sind oft ein Punkt der Fixierung in der Entwicklung und können also die Ursache neurotischer Entwicklung sein.

Die massive lang anhaltende kumulative und sequentielle Traumatisierung, wie z. B. im Krieg, zerstört die Persönlichkeitsstruktur auf viel fundamentalere Weise, weil eine Erholung nach einem Trauma nicht möglich ist, bevor das nächste wirkt, und ergibt daher eine ganz eigentümliche Pathologie. Diese ist ausführlich beschrieben von Hans Keilson in seinem Buch „Sequentielle Traumatisierung bei Kindern" (1979).

Bevor ich auf die Theorie der Deckerinnerung eingehe, werde ich Ihnen einiges Material aus der Analyse von Herrn M., das aus Diskretionsgründen soweit als nötig eingeschränkt ist, mitteilen.

Vom Anfang der Analyse an hatte Herr M. sehr viele detaillierte Erinnerungen auch aus seinen frühen Kinderjahren: schöne und unangenehme, die er alle gern mit wenig dem Inhalt der Erinnerung korrespondierenden Gefühl erzählt. Eine dieser Erinnerungen betrifft eine traumatische Tonsillektomie im Alter von etwa 3 Jahren. Anfänglich erzählte er mit Stolz, wie er mit der Krankenschwester gekämpft und über sie gesiegt habe, sodaß er keine Narkose bekam. In der Übertragung wurde allmählich klar, wie er diesen Eingriff, auf welchen seine Mutter ihn vorbereitet hatte, mit ängstlicher Spannung erwartet hatte. In der Analyse erlebte er wieder die Drohung von etwas Unbekanntem und etwas Unbegreiflichem, das ihm passieren sollte. Dieses Gefühl gehörte zu der Wiederholung einer Mischung von heftigen ödipalen Gefühlen und großer Machtlosigkeit gegenüber seiner Mutter. Nach der Durcharbeitung dieser Phase hatte er in der Analyse Geruchssensationen, die ihn an den Geruch von Äther im Operationszimmer erinnerten. Diese Sensationen öffneten den Weg zur Durcharbeitung seiner Ambivalenz und seiner kastrierenden Wünsche gegenüber dem Vater.

Als ich ihm einige Jahre später vorschlug, die Analyse etwa 6 Monate später zu beenden, stimmte er zu. Einige Wochen nach diesem Entschluß kam die Erinnerung an die Tonsillektomie persistierend und mit der Lebendigkeit einer Deckerinnerung zutage, ganz verschieden von der Art und Weise, in der er vorher über den Eingriff erzählt hatte. Das Bild des Narkoseapparates schwebte ihm ganz klar vor Augen. Er erlebte in der Übertragung den Kampf mit der Schwester mit Gefühlen in seinem ganzen Leib wieder. Er verstand, wie seine Angst vor dem Eingriff auf den Narkoseapparat verschoben worden war. Der Eingriff selbst symbolisierte für ihn den Verlust seiner Sexualität.

In diesem Fall war die Deckerinnerung, die in der terminalen Phase der Analyse auftauchte, nahe am wesentlichen Trauma. Diese illustriert die Behauptung Greenacres (1949), daß bei sadomasochistischer Fixierung der Inhalt der Deckerinnerung ein Trauma sein kann: im Falle des Herrn M. war die sadomasochistische Fixierung außerordentlich groß.

Und nun etwas über die Theorie der Deckerinnerung.

Schon im Jahre 1899 schrieb Freud, daß er oftmals in die Lage gekommen sei, sich um die Bruchstücke von Erinnerungen zu kümmern, die aus den ersten Jahren der Kindheit im Gedächtnis geblieben sind und sich also dem Phänomen der infantilen Amnesie entziehen. Der Inhalt dieser frühesten Kindheitserinnerungen wird meist verlegt ins Lebensalter zwischen zwei und vier Jahren – mit Ausnahmen nach unten und nach oben. Sehr befremdend ist der Inhalt dieser Erinnerungen. Sogar wenn es sicher ist, daß Ereignisse stattgefunden haben, die gewaltige Affekte wie Trauer, Wut, Neid, Scham geweckt und das Kind intensiv ergriffen haben, ist doch der Inhalt der Erinnerungen alltäglich und gleichgültig. Andere Eigentümlichkeiten sind die besondere Klarheit der Erinnerung, die überwiegend visuell ist, und die Tatsache, daß der erwachsene Erzähler in der Erinnerung sich selbst als kleines Kind beobachtet.

Freud setzt voraus, daß diese Erinnerungen, die er Deckerinnerungen nennt, auf dieselbe Weise gebildet sind wie der manifeste Trauminhalt, die Symptome, Versprechungen usw. Das heißt also, daß der Akzent verschoben ist von dem wichtigen Inhalt, der verdrängt wurde, zu dem benachbarten gleichgültigen Inhalt, der assoziativ mit dem Ereignis, um das es sich handelt, verbunden ist. Freud erläutert seine Hypothese mit einer Fallbeschreibung, in der er die Deutung einer Deckerinnerung auf dieselbe Weise wie eine Traumdeutung gibt. Er widmet noch ein Kapitel in der Psychopathologie des Alltagslebens der Deckerinnerung, wo er die zeitliche Beziehung zwischen Deckerinnerung und Trauma beschreibt. In der rückgreifenden Verschiebung spielt die Deckerinnerung sich oft viele Jahre vor dem Trauma ab, in der vorgreifenden oder vorgeschobenen Deckerinnerung liegt das Trauma zeitlich vor dem erinnerten Erlebnis, und schließlich gibt es die Gleichzeitigkeit von Eindruck und Deckerinnerung. In der Analyse des Wolfsmannes benützt Freud eine Deckerinnerung als Eintritt zum Bewußtmachen des Traumas der sexuellen Verführung des Wolfsmannes durch seine Schwester.

Trotzdem hat die Deckerinnerung bei Freud nicht das Gewicht, das ihr z. B. von Greenacre zugeschrieben wird. Vielleicht ist das die Folge einer Tatsache, die von Eissler 1978 rekonstruiert worden ist. Eissler nimmt aus psychologischen Gründen an, daß die von Freud 1899 beschriebene Deckerinnerung seine eigene war, und daß diese auf eine unglückliche Liebe in seiner Adoleszenz verwies, die zu einer zehn Jahre dauernden Krise führte. Es gibt Hinweise darauf, daß Freud es später bedauerte, diese Deckerinnerung veröffentlicht zu haben. Dieses Bedauern könnte auch erklären, daß er selbst diese wichtige Entdeckung etwas beiseite geschoben hat.

In den 80er Jahren, nachdem Freud seine erste Beschreibung veröffentlicht hatte, haben viele Autoren über die Deckerinnerung geschrieben. Obwohl das Thema nie ganz außerhalb des psychoanalytischen Interesses gestanden hat, bekommt man doch den Eindruck, daß während der letzten Jahrzehnte mehr als zuvor über dieses Thema geschrieben worden ist.

Wann entsteht eine Deckerinnerung?

Deckerinnerungen sind in ihrem lebendigen und visuellen Inhalt dem Traum ähnlich. Träume haben aber jedes Mal einen Inhalt, der gewöhnlich von dem jedes anderen ganz verschieden ist. In ihren weiteren Eigentümlichkeiten sind Deckerinnerungen Symptomen viel ähnlicher: sie sind in der Zahl beschränkt, und der Inhalt ändert sich kaum, auch wenn der gefühlsmäßige Wert ihrer Elemente sich während der Analyse verändert und viele Nebenerinnerungen auftauchen.

Greenacre (1980) erkennt der Deckerinnerung einen zentralen Platz in der Analyse genau entsprechend dem Symptom zu. Diese Meinung Greenacres wird durch zwei Fallbeschreibungen unterstützt, deren eine von Robinson die Analyse eines 8-jährigen Knaben betrifft, und deren andere von Schreiber stammt, bei dessen Patientin die sehr lebhaften Erinnerungen an einen Film den Inhalt der Deckerinnerung bildeten. In der Analyse von Herrn M. kann man dieses Phänomen ebenso feststellen.

Auch in ihrer Entstehungsweise ist die Deckerinnerung dem Symptom ähnlicher als dem Traum.

Über die ökonomische Funktion der Deckerinnerung schreibt Fenichel (1927) etwa das Folgende (Zusammenfassung auf Grund der englischen Fassung). Nach einem traumatischen Erlebnis ist die natürliche Reaktion des Ichs das Bestreben, den idealen Zustand von Spannungslosigkeit so rasch wie möglich wiederherzustellen. Die gründlichste Lösung besteht darin, alles zu verdrängen, was mit dem Trauma zu tun hat. Diese Lösung kostet jedoch dem Ich sehr viel Energie. Eine Art von Kompromißbildung kommt zustande, wenn das Ich aus seinem sehr reichen Besitz an Erinnerungen einige aussucht, die assoziativ mit den Kindeserfahrungen, geladen mit sehr wichtigen und lebendigen Affekten, der Verdrängung unterliegen, verbunden sind – aber doch so weit von ihnen entfernt, daß man mit dieser Erinnerung beschäftigt sein kann, ohne daß das psychische Gleichgewicht zu sehr gestört wird. Es geht also dem Entstehen einer Deckerinnerung immer ein traumatisches Erlebnis oder die Verdrängung sehr wichtiger Affekte voraus – und nur durch das systematische Analysieren der Deckerinnerung ist die Ursache aufzuspüren. Auf diese Weise kann man auch gut verstehen, daß Deckerinnerungen oft Dezennien nach der Zeit entstehen, in der der Inhalt der Erinnerung lokalisiert ist.

Erlich (1981) beschreibt das Entstehen einer solchen Erinnerung in dem Werk von Dostojevski. Als Dostojevski 28-jährig in einem Gefangenenlager in Sibirien war, wurde er an einem Feiertag überschwemmt von Ekel, Widerwillen und Angst angesichts der betrunkenen, kämpfenden, einander bewußtlos schlagenden primitiven Mitgefangenen. In seiner Verzweiflung legte er sich auf seine Pritsche und ließ seinen Gedanken freien Lauf. Dabei erinnerte er sich, wie er als 8-jähriger Knabe in seiner Heimat durch den Wald wanderte und zu hören meinte, es käme ein Wolf. Er rannte panisch aus dem Wald und begegnete einem Bauern, Marey, einem Diener seines Vaters. Dieser tröstete das panische Kind, und Dostojevski beschreibt, wie er sich 20 Jahre später genau erinnerte, wie der Bauer das machte. Nach dieser Erinnerung war Dostojevski auch in dem Gefangenenlager in der Lage, die guten Seiten seiner primitiven Mitgefangenen zu sehen und zu würdigen. Die Deckerinnerung hatte in diesem Fall also eine integrierende Bedeutung.

Die Meinung von Fenichel, daß das Ich ein so wenig wie möglich drohendes Bild sucht, das assoziativ mit dem Trauma (dem „wesentlichen Erleben“) verbunden ist, erklärt auch, daß ein Film (wie von Schreiber 1974 beschrieben) oder ein Märchen den Inhalt einer Deckerinnerung bilden kann.

Man kann sich fragen, warum es dann auch Deckerinnerungen mit traumatischem Inhalt gibt, wie z. B. von Glover 1929 und von Greenacre 1949 beschreiben, und wie ich selbst es in der Analyse von Herrn M. und auch in der Kinderanalyse sah, die ich Ihnen noch mitteilen werde.

Offenbar gibt es Traumata, z. B. infolge einer Phimoseoperation (Glover), aber auch infolge einer Tonsillektomie, die so unerträglich sind, daß die Erinnerung an das Trauma nicht ganz zu verdrängen ist. Die Erinnerung an ein Trauma bleibt aber ein geringeres Übel, das substituiert wird für ein anderes, das die Anregung zu der Deckerinnerung war. Man muß also mißtrauisch sein gegenüber Erinnerungen an ein Trauma – etwas Schlimmeres kann sich hinter ihnen verbergen.

Greenacre erklärt den traumatischen Inhalt einer Deckerinnerung als Folge einer analsadistischen Fixierung. Die Frage ist, ob ein traumatischer Inhalt Folge einer solchen Fixierung ist, oder ob das ursprünglich traumatische Ereignis die Ursache von beidem darstellt: einer Fixierung an den analen Sadismus *und* einer Deckerinnerung mit traumatischem Inhalt.

Deckerinnerungen sind in der verbalen Periode der Entwicklung lokalisiert. Große Traumatisierungen in präverbalen Entwicklungsphasen führen zu Deckgefühlen. Mit spezieller Technik kann man auch diese Deckgefühle, die man bei narzißtischen Störungen findet, mit dem ursächlichen Ereignis verbinden, wie von James Anthony 1961 beschrieben.

Einerseits ist also ein traumatisches Erlebnis notwendig für das Entstehen einer Deckerinnerung. Es ist selbstverständlich, daß es andererseits eine enge Beziehung zwischen dem Entstehen der Deckerinnerung und der Struktur des Ichs gibt. Erinnern an sich, ob richtig oder falsch und verzeichnet, ist eine Funktion des Ichs. Auch die Abwehr, die aktiv wird, wenn ein traumatisches Erlebnis die Spannungslosigkeit zu stören droht, ist eine Funktion des Ichs. Es ist also klar, daß einige Struktur des Ichs notwendig ist, um eine Deckerinnerung haben zu können.

Robinson beschreibt eine Kinderanalyse bei einem Jungen, der im Anfang der Behandlung ganz von seinen Trieben regiert wurde – sein Ich war so schwach, daß die Triebe Herr und Meister waren. Mit Hilfe der Analyse strukturiert sich sein Ich – seine Abwehr ändert sich, und eine Deckerinnerung taucht auf, die das zentrale Thema der weiteren Analyse wird. Die Deckerinnerung in diesem Kind war nur möglich, als eine gewisse Strukturierung des Ichs entstand. So ist es wahrscheinlich zu erklären, daß Deckerinnerungen am frühesten in der Latenzphase beschrieben sind.

Auf der anderen Seite schreibt Greenacre (1949), die eine Zahl von Deckerinnerungen nachuntersucht hat, daß das Bedürfnis an Kompromißbildung und Deckerinnerung umso kleiner wird, je stärker das Ich und namentlich die Realitätsprüfung werden. Dies könnte erklären, daß das Trauma, das der Deckerinnerung zugrundeliegt, am häufigsten in den Entwicklungsphasen stattgefunden hat, in denen das Ich noch schwach ist, abgesehen von außerordentlich großen Traumata.

In allen Phasen ist die Intensität der provozierenden Reizung von größtem Gewicht. Und diese Intensität ist teilweise abhängig von der Phase der Libidoentwicklung. Greenacre glaubt, daß diese Intensität den auffällig visuellen Charakter der Erinnerung erklärt. Je stärker die Reizung, desto größer die geweckte Aggression, die beim Kind in visuelle Erlebnisse überfließt.

Weiterhin ist auch das Maß von Über-Ich-Entwicklung sehr wichtig. Unter der Herrschaft des Über-Ichs wird die Verdrängung stimuliert und sicher, wenn das initiale Trauma Gefühle von erotisierter Aggression wachgerufen hat. Aus Fallbeschreibungen und aus der Analyse von Herrn M. liegt die Vermutung nahe, daß ein zu starkes Überich die Entstehung von Deckerinnerungen verhindert. So ist es möglich, daß, wenn in der Analyse von Erwachsenen das Überich seine Strenge verliert, eine Deckerinnerung auftraucht, die vorher ganz verdrängt wurde.

Zum Schluß werde ich Ihnen etwas aus der Analyse eines 11-jährigen Jungen erzählen, der eine Deckerinnerung in seiner Entwicklung und ein Symptom aus derselben traumatischen Quelle hatte. Mark ist ein 11-jähriger Bube. Sein großes Problem sind seine Konzentrationsstörungen auf der Schule und sein zunehmendes Bedürfnis zu stehlen. Im Alter von 4 Jahren wurde eine Tonsillektomie durchgeführt, im Alter von 7 Jahren eine Phimoseoperation. Mark erinnert sich dieser Eingriffe; aber seine Erinnerungen sind ziemlich unbestimmt. Mit großer Lebendigkeit jedoch erzählt er, wie er durch seine Wildheit eine große Wunde an seinem Arm bekam, die genäht wurde. Mit dem Bewußtmachen seiner Angst in der Analyse verschwand die Begierde, sich mit seinen rücksichtslosen Abenteuern und seinem verletzten Arm hervorzutun: eine Deckerinnerung über die Verletzung seines Armes entwickelte sich nicht. Das Symptom des Stehlens jedoch wurde immer schlimmer. Er litt unter dem Symptom. Wir entdeckten einen wichtigen Zusammenhang: jedes Mal, wenn er sich ungerecht behandelt fühlte, kam die Rache in Form von Diebstahl zum Vorschein. Nachdem wir diese Zusammenhänge erläutert hatten, konnte ich ihm sagen, daß man ihm einmal etwas sehr schönes weggenommen hätte, nämlich seine Vorhaut, das gemeinste, was man ihm zufügen konnte. Nun versuchte er immer, etwas zurückzugewinnen, wenn jemand ihm gemein begegnete, aber es war unmöglich, seine Vorhaut zurückzubekommen, wie er es eigentlich wünschte. Nachdem wir dieses Thema durchgearbeitet hatten, beendete er die Analyse. Ein Jahr später hatte er beinahe vergessen, daß er immer gestohlen hatte, noch ein Jahr später, im Anfang der Pubertät, kehrte das Symptom unglücklicherweise zurück; aber er wünschte keine Therapie. Es war eine kurze Analyse mit zeitlich begrenzter kompletter Symptomheilung. Der Ursprung der sich entwikkelnden Deckerinnerung des Symptoms war derselbe – ich glaube, wir können sagen, die Deckerinnerung hatte zu tun mit der Erinnerung an die Operation, und das Stehlen hatte den Charakter der Reaktion auf ein Deckgefühl. Das auslösende Trauma fand ziemlich spät statt, aber auf dem Boden einer Tonsillektomie im 4. Lebensjahr. Dieses auslösende Trauma war sehr wesentlich, weil es eine Änderung seines Genitales bedeutete. Sein Über-Ich war genügend entwickelt, um ihn leiden zu lassen unter seinem Symptom und deswegen die Analyse zu ertragen.

Aus meiner analytischen Arbeit heraus kann ich Greenacre zustimmen, daß der Deckerinnerung ein zentraler Platz in der Analyse zukommt, und daß sie den Weg zum wesentlichen traumatischen Ereignis weist.

Literatur

K. R. Eissler (1978): Creativity and Adolescence Ps. An. St. Ch. vol. 33 p. 461.
Iza G. Erlich (1981): „The peasant Marey": a screen memory. Ps. An. St. Ch. vol. 36 p. 381.
O. Fenichel (1927): The economic funtion of screenmemories. In Collected Papers, I, p. 113.
S. Freud (1899): Über Deckerinnerungen G. W. I. p. 531.
S. Freud (1907): Über Kindheits- und Deckerinnerungen. G. W. IV, p. 51.
S. Freud (1915): Die Fixierung an das Trauma; das Unbewußte. G. W. XI.
S. Freud (1917): Aus der Geschichte einer infantilen Neurose. G. W. XII, p. 29.
E. Glover (1929): The screening function of traumatic memories. Int. J. Ps. An. 1929, X, p. 90.
Ph. Greenacre (1949): A contribution to the study of screenmemories. Ps. An. St. Ch. vol. 3/4, p. 73.
Ph. Greenacre (1980): A historical sketch of the use and disuse of reconstruction. Ps. An. St. Ch. vol. 35, p. 35.
E. James Anthony (1961): A study of „screen sensations". Ps. An. St. Ch. vol. 16, p. 211.
H. Keilson (1979): Sequentielle Traumatisierung bei Kindern. Enke Verlag.
Marlene Robinson (1979): A screenmemory in a child's analysis. Ps. An. St. Ch. vol. 34, p. 307.
Sanford Schreiber (1974): A filmed fairy tale as a screen memory. Ps. An. St. Ch. vol. 29, p. 389.

Mw. J. Groen-Prakken, Keizer Karelweg 52, NL 1185 HW Amstelveen

Theoretische Überlegungen zu einer Deckerinnerung

Alice Zimmer

Ich hatte in einer Behandlung Gelegenheit, die Bedeutung und Wirksamkeit einer Kindheitserinnerung zu studieren. Diese Erinnerung schien mir aus verschiedenen Gründen interessant. In diesem Fall handelt es sich erstens um eine Deckerinnerung, die eine Reihe von unbewußten Kindheitsphantasien zudeckte, oder besser gesagt, diesen aufgepfropft war. Zweitens beeinflußte diese Erinnerung den Lebenslauf der Patientin weithin und drittens scheinen Patienten mit sogenannten „Deckerinnerungen" bestimmte charakteristische Züge aufzuweisen.

Als ich mich mit den Deckerinnerungen, denen Freud eine große Bedeutung zumaß, näher beschäftigen wollte, fand ich, soweit mir die deutsche Literatur aus den letzten dreißig Jahren zugänglich war, so gut wie nichts zu diesem Thema. Außer den Arbeiten von Freud 1899 – 1904 – 1907 –1913 – 1915 – 1917 – 1920 – 1924, einem kleinen Beitrag von Simmler 1925 und einer Arbeit von K. Abraham 1913 und von Fenichel 1926 sind mir keine Arbeiten in deutscher Sprache bekannt geworden.

Aus der englischen Literatur habe ich mich mit den Arbeiten von Greenacre 1950 und einer von Greenson 1958 beschäftigt.

Bevor ich mich mit der Deckerinnerung meiner Patientin näher beschäftige, möchte ich zuerst auf die Deckerinnerung im allgemeinen eingehen.

Wir alle wissen, wie lückenhaft die Erinnerungen an unsere ersten Kinderjahre in unserem Gedächtnis haften geblieben sind. Wir alle wissen aber auch, daß ein kleines Kind über eine gute Merkfähigkeit verfügt und durchaus in der Lage wäre, Erinnerungen in seinem Gedächtnis aufzubewahren. Freud äußert sich hierzu: „Es bezweifelt niemand, daß die Erlebnisse unserer ersten Kinderjahre unverlöschbare Spuren in unserem Seelenleben zurückgelassen haben; wenn wir aber unser Gedächtnis befragen, welche die Eindrücke sind, unter deren Einwirkung bis an unser Lebensende zu stehen uns bestimmt ist, so liefert es entweder nichts oder eine relativ kleine Zahl vereinzelt stehender Erinnerungen von oft fragwürdigem oder rätselhaftem Charakter." In eindrucksvoller und großartiger Weise zeigt dies Freud in den Kindheitserinnerungen des Leonardo da Vinci. In dieser Arbeit deckt er auf, wie die Erinnerung des Leonardo an einen Geier eine Phantasie ist, die der Künstler zu einer späteren Zeit bildete, und daß es sich deshalb um eine Deckerinnerung handeln müsse. Dasselbe Thema bearbeitet er nochmals in einer Kindheitserinnerung aus „Dichtung und Wahrheit". Er schreibt: „Die spät geschaffenen Phantasien der Menschen über ihre Kindheit lehnen sich sogar in der Regel an kleine Wirklichkeiten dieser sonst vergangenen Vorzeit an." Im allgemeinen werden Zusammenhänge von Begebenheiten erst nach dem sechsten Lebensjahr erinnert, bei vielen Menschen erst nach dem zehnten. Von da ab stellt sich aber auch meist eine konstante Beziehung zwischen der psychischen Bedeutung eines Erlebnisses und dessen Haften im Gedächtnis her.

Ein stark emotionelles Erlebnis wird ein Erwachsener meist in seinem Gedächtnis aufbewahren und Belangloses vergessen. Anders das Kind, welches ein wichtiges, besonders affektgeladenes Ereignis vergißt, dafür aber etwas Banales, Harmloses in seiner Erinnerung aufbewahrt. Dies scheint nach Spitz umso merkwürdiger, als die mit Unlust besetzten Erlebnisse mit größerer Wahrscheinlichkeit Gedächtnisspuren hinterlassen, als solche, die mit lustvollen Aspekten besetzt sind. Darauf werde ich noch zurückkommen.

Es ist nicht nur so, daß wir Erlebnisse vergessen, wir treffen aus dem Erlebten auch eine Auswahl. Waelder meint dazu, daß im Leben von Individuen wie von Gruppen oder Nationen, Ereignisse, noch während sie sich vollziehen, einseitig beurteilt würden und sofort einem Prozeß des Zurechtstutzens und der Verzerrung unterworfen in der Absicht, sie den eigenen Erwartungen und Vorlieben besser anzugleichen. Daher sei das Bewußtsein der Menschen von der Vergangenheit größtenteils eine Sammlung von Mythen mit einem Kern Wahrheit in einem Wust von Phantasien. Dies dürfte auch für die Deckerinnerung meiner Patientin zutreffen, aber auch für jede Geschichtsschreibung, für alles jemals Erlebte und auch für die mündlichen Überlieferungen. Ähnlich äußert sich

Abraham in seiner Studie zur Völkerpsychologie. Er meint, daß wir unlustbetonte Erlebnisse gerne vergessen, abändern und umdichten.

Später wissen wir nicht mehr genau, ob sich eine Begebenheit in der Wirklichkeit so zugetragen hat, oder ob die Erinnerung an diese Begebenheit durch unsere Phantasie gefälscht ist. Gefälscht, umgedichtet, weil wir die Realität meist schwer ertragen können. Je gestörter ein Mensch ist, je schwächer sein Ich, umso weniger wird er die Realität ertragen, und wird sich umso mehr in seine Phantasiewelt zurückziehen oder versuchen Unangenehmes zuzudecken. Spitz meint, daß jeder Analytiker bestätigen kann, daß die Wahrnehmung ständig von der vorherrschenden Affektlage des Betroffenen beeinflußt wird.

Freud hat als erster festgestellt, daß die Kindheitseindrücke im Seelenleben des Menschen für das spätere Leben bestimmend sind und stellte die Hypothese auf, daß unsere Patienten an ihren Reminiszenzen leiden. Wie wir wissen, ging ja Freud zuerst von der Annahme aus, daß reale Erlebnisse aus der früheren Kindheit für die Neurosenentstehung verantwortlich seien, später mußte er diese Ansicht revidieren. „Es seien nicht nur erlebte Traumen, sondern unbewußte Phantasien, die für die spätere Symptombildung verantwortlich seien." Bis jetzt haben wir festgestellt, daß unser Gedächtnis uns bei den Kindheitserinnerungen im Stich läßt. Freud meint in der Psychopathologie des Alltagslebens, zu denen er auch die Deckerinnerungen zählt, „daß starke Mächte aus der späteren Lebenszeit die Erinnerungsfähigkeit der Kindheitserlebnisse gemodelt haben." Diese Mächte, so meint er, sind auch wirksam beim Zustandekommen einer Deckerinnerung. Wie das Symptom, haben auch sie ihren Ursprung in den unbewußten Phantasien.

Freud war aufgefallen, daß bei manchen Menschen, also nicht bei allen, die frühesten Kindheitserinnerungen alltägliche und gleichgültige Eindrücke zum Inhalt haben, die beim Erleben auf das Kind keine Affektwirkung haben konnten, und die doch in allen Details – ja sogar überscharf – behalten worden sind, während gleichzeitige Ereignisse, die für das Kind von Bedeutung waren, im Gedächtnis nicht behalten wurden; die indifferenten Kindheitserinnerungen würden ihre Existenz einem Verschiebungsvorgang verdanken; sie seien der Ersatz in der Reproduktion für andere wirklich bedeutsame Eindrücke. Gelingt es uns in der Analyse, diesen Verschiebungsvorgang rückgängig zu machen, die indifferenten Kindheitserinnerungen wie einen manifesten Traum zu behandeln, so können wir die wichtigen Elemente des Erlebnisses rekonstruieren. Freud stellte sich die Frage, warum gerade das Bedeutsame unterdrückt, das Gleichgültige behalten wurde. Die Deckerinnerung meiner Patientin, von der hier die Rede sein soll, lautet:

„Es ist Sonntagnachmittag, Mutter liegt auf dem Sofa, sie hat einen roten Morgenrock an. Ich sehe mich auf dem Boden spielend.“ Den Morgenrock der Mutter kann sie in allen Details schildern. Er sei aus rotem Flanellstoff gewesen, habe den und den Schnitt gehabt, sogar die Steppart ist ihr noch erinnerlich. An die Schwangerschaft der Mutter und an die Geburt des Bruders kann sie sich jedoch gar nicht erinnern, obwohl sie damals fast sechs Jahre alt war und die Geburt im Haus stattfand. Wir müssen uns also die Frage vorlegen, welche Motive es waren, das Bedeutsame zuzudecken und das Gleichgültige im Gedächtnis zu bewahren. Freud äußert sich dazu: „er nehme an, daß zwei psychische Kräfte an dem Zustandekommen einer solchen Erinnerung beteiligt sind, von denen die eine die Wichtigkeit des Erlebnisses zum Motiv nimmt, es erinnern zu wollen (in unserem Beispiel die Schwangerschaft, bzw. die Geburt), die andere aber – ein Widerstand – dieser Anziehung widerstrebt. Die beiden entgegengesetzten Kräfte heben einander nicht auf; es kommt nicht dazu, daß das eine Motiv das andere – mit oder ohne Einbuße – überwältigt, sondern es kommt eine Kompromißwirkung zustande.“ Der Kompromiß besteht in unserem Beispiel darin, daß zwar nicht das betreffende Erlebnis das Erinnerungsbild abgibt – hierin behält der Widerstand recht – sondern ein anderes psychisches Element, welches mit dem Anstößigen (Schwangerschaft) durch nahe Assoziation (roter Morgenrock) verbunden ist. Der Erfolg des Konfliktes ist der, daß anstatt der ursprünglichen Erinnerung eine andere zustande kommt, welche in der Assoziation um ein Stück verschoben ist. Ich erinnere hier an Freuds Gleichnis: „Ein gewisses Erlebnis der Kinderzeit kommt zur Geltung im Gedächtnis, nicht etwa weil es selbst Gold ist, sondern weil es bei Gold gelegen ist.“ Bei unserem Beispiel sehen wir, daß das wichtige Erinnerungsbild durch einen Widerstand an der Reproduktion verhindert ist. Erinnert wurde der Morgenrock, der assoziativ mit der Schwangerschaft verbunden war. Da diese Erinnerung ihre Erhaltung nicht dem eigenen Inhalt, sondern einer assoziativen Beziehung ihres Inhaltes zu einem anderen Verdrängten verdankt, hat sie auf den Namen „Deckerinnerung" begründeten Anspruch.

Bei meiner Patientin war die Schwangerschaft der Mutter und die Geburt des Bruders mit peinlichen, unlustvollen Affekten und Gefühlen beladen und daher ein Motiv der Abwehr.

Die Patientin erinnert eine harmlose Szene, um ein unlustbetontes Erlebnis damit zuzudecken. Wir haben hier den Vorgang eines Konfliktes, welcher der Verdrängung anheimfiel – die Deckerinnerung eine Kompromißlösung, eine Ersatzbildung. In der Arbeit über die Verdrängung sagt Freud, „daß im Unbewußten die verdrängte Regung weiter besteht und auf die Gelegenheit aktiv zu werden lauert", und versteht es dann, eine entstellte und unkenntlich gemachte Ersatzbildung für das Verdrängte in das Bewußtsein zu schicken. Wir könnten also die Deckerinnerung als eine Art Symptom auffassen, oder aber wie Greenacre und Greenson die Meinung vertreten, sie als eine Art Abwehrmechanismus ansehen, die von einigen Menschen als besondere Abwehrart benutzt wird. Freud sagt: „Die Auswahl, die der Erwachsene unter seinen Kindheitserinnerungen trifft, zeigt uns die innige Beziehung zwischen dem Seelenleben des Kindes und dem psychischen Material der Neurose. Er fährt fort, „weitere Untersuchungen über gleichgültige Kindheitserinnerungen haben mich gelehrt, daß sich hinter ihrer Harmlosigkeit eine ungeahnte Fülle von Bedeutungen zu verbergen pflegt."

Ich möchte jetzt an dem Beispiel des roten Morgenrocks zeigen, was diese Deckerinnerung für unterdrücktes Material beinhaltete, wie es sich aus der Analyse ergab.

Die Patientin, von der die Erinnerung stammt, ist 52 Jahre alt, verheiratet, kinderlos, in einem anspruchsvollen Beruf tätig. Die Kinderlosigkeit bedrückt sie sehr, „sie habe den Eindruck, ihr Leben sei dadurch unerfüllt geblieben, sie habe ihr Leben verpfuscht." Von der realen Situation aus gesehen, ist die Klage nicht ganz berechtigt.

Eines Tages bringt die Patientin die Erinnerung, die ich bereits erzählt habe. Befragt, seit wann sie diese Erinnerung habe, kann sie es nicht genau angeben, meint aber, sich immer an den roten Morgenrock der

Mutter erinnert zu haben. Jetzt falle ihr auf, daß sie seit Jahren ein Kostüm in dieser Farbe sich gewünscht, aber nie gekauft habe, weil sie nie „das Rot“ gefunden hätte, schließlich habe sie sich dann einen roten Morgenrock gekauft. Plötzlich geht ihr auf, daß der rote Morgenrock der Mutter und ihr Morgenrock denselben Schnitt und dieselbe Farbe haben. Weiter fällt ihr ein, zur Hochzeit ihrer älteren Schwester ein rotes Kleid getragen zu haben, das einzige in ihrem Leben. Sie habe sich damals (19 Jahre alt) darin nicht wohl gefühlt und habe es gleich nach der Hochzeit blau färben lassen. Sie trage gerne blaue Kleider.

Wir konnten herausarbeiten, daß hinter dieser Erinnerung unbewußte Phantasien am Werk waren, die es der Patientin unmöglich machten, ein rotes Kleid oder Kostüm zu tragen. Diese Phantasien aus der Kindheit hatten für sie Realitätswert behalten.

Der rote Morgenrock, bzw. die rote Farbe riefen in ihr den Wunsch hervor, vom Vater auch ein Kind zu haben, wie die Mutter schwanger zu sein. Aber die Inzestangst, die Angst die Mutter zu verlieren, waren ebenfalls darin enthalten. Aber im roten Morgenrock war auch die Enttäuschung, die schwere narzißtische Kränkung zugedeckt, daß nicht sie, sondern die Mutter seinerzeit schwanger gewesen war. Er deckte die eigene Blöße, „das Nicht-in-der-Lage-sein“, zu. Es kamen Todeswünsche gegen die Mutter zum Vorschein, aber vor allem auch gegen den kleinen Bruder, der ihr die Sonderstellung beim Vater weggenommen hatte. Sie hat sich auch später mit dem Bruder nie verstanden und ging ihm aus dem Weg. Außerdem stellte sich heraus, daß Urszenen und Geburtsphantasien mit dem roten Morgenrock ebenfalls zugedeckt waren. Mit den blauen Kleidern deckte die Patientin den Wunsch nach roten Kleidern zu, den Wunsch den Vater zu verführen, sich mit der Mutter zu identifizieren, sich an die Stelle der Mutter zu setzen. In der Pubertät bekam sie Wut- und Ekelanfälle, wenn der Vater sich ihr näherte, wenn er neben ihr saß, oder sie umarmen wollte. Auf diese Weise mußte sie ihre verdrängten kindlichen sexuellen Wünsche abwehren. Ihre Liebe zum Vater mußte sie mit blindem Haß zudecken. Auf die ältere Schwester war sie sehr eifersüchtig. Ihre Eifersucht auf die Mutter hatte sie auf die um sechs Jahre ältere Schwester verschoben. Eifersuchtsszenen traten auch in ihrer Ehe auf, was in früheren Jahren zu

Auseinandersetzungen führte und dem Ehemann das Zusammenleben erschwerte. Wir sehen, wie die Deckerinnerung das Leben dieser Patientin einengte und schließlich der Grund für ihre Kinderlosigkeit war.

Wir müßten uns die Frage stellen, warum der rote Morgenrock im Gedächtnis der Patientin haften geblieben war, dagegen die Schwangerschaft der Mutter und die Geburt des Bruders der Amnesie anheim gefallen? und warum diese Erinnerung das Leben dieser Frau weitgehend bestimmte?

Ich versuchte aufzuzeigen, welche Fülle von ungelösten Problemen aus dem ödipalen Konflikt in dieser Deckerinnerung ans Tageslicht kam, und daß es sich hauptsächlich um unbewußte Phantasien, unerfüllte und unerfüllbare Wünsche handelte, die in einer harmlosen Kindheitsszene zum Ausdruck kamen. Es zeigte sich aber auch, daß starke orale Wünsche abgelehnt werden mußten. Es sei gerade das Grobsinnliche an der Phantasie, meint Freud, daß sie sich nicht zu einer bewußten Phantasie entwickle, sondern zufrieden sein müsse, in einer Kinderszene als Anspielung in verblümter Form Aufnahme zu finden, und sie wirkt, wie Fenichel meint, als eine Art Ventil. Bei der Patientin wurde nicht der Wunsch erinnert vom Vater ein Kind zu bekommen, schwanger zu sein, über die Mutter wütend zu sein, den kleinen Bruder umzubringen, sondern eine harmlose, friedliche Szene, die die verpönten Wünsche zudecken mußte. Gerade diese unbewußten Wünsche, die weiterhin Realitätswert besaßen, hatten es der Patientin unmöglich gemacht eine Schwangerschaft auszutragen. Das Bild des roten Morgenrockes war sehr geeignet, den schwangeren Leib der Mutter zuzudecken, aber auch geeignet als Deckerinnerung zu dienen, war er doch in assoziativer Weise mit der Schwangerschaft eng verknüpft.

Die rote Farbe deckte die Liebe zum Vater zu und die blaue Farbe die verpönten, grobsexuellen Wünsche. Die Deckerinnerung entstand zu einer Zeit, als die Patientin nicht mehr auf Kindersegen hoffen konnte. Die Verknüpfung bestand darin, daß sie, wie mit sechs Jahren, die Mutter um deren Kindersegen beneidete. „Hätte ich es meiner Mutter gleichgetan und hätte Kinder gehabt, so hätte ich jetzt Menschen, die mir Liebe entgegenbrächten und mein Leben und meine Arbeit hätten einen Sinn." Die Patientin befand sich, als sie den roten Morgenrock kaufte, in der Lage der Sechsjährigen. Auf die Erfüllung ihres Wunsches konnte sie ebenso wenig hoffen, wie mit sechs Jahren, aber die Gefahr des Inzestes war nicht mehr vorhanden, der Vater war inzwischen gestorben. An dem Einkauf des roten Morgenrockes können wir erkennen wie lebendig der unbewußte Wunsch geblieben war. In der Analyse fiel besonders auf, wie gut das Erinnerungsvermögen der Patientin für harmlose Kleindetails war, jedoch wie ausgelöscht für die Schwangerschaften der Mutter und die Geburt der Geschwister, von ihr als 6-, 8- und 9jährig erlebt. Es war deutlich, daß die Fülle von erinnerten Details alle demselben Motiv dienten, die Schwangerschaften der Mutter zu leugnen. Wir haben gesehen, daß auch affektbetonte Erlebnisse der Kindheit, die selbst der Verdrängung anheim gefallen sind, assoziativen Bahnen folgend, auf Deckerinnerungen verschoben werden können. Fenichel ist der Meinung, daß die Deckerinnerung wie ein Ventil wirkt.

Ein ähnliches Problem scheint bei der Perversion vorzuliegen. Sachs wies nach, daß das verdrängte Ich bei der Perversion durch Gewährenlassen eines relativ harmlosen Anteils des anstößigen Komplexes erreicht, daß ein großer Teil der Libido des Gesamtkomplexes (Ödipus) sich auf einen harmlosen Anteil verschiebt.

Einer meiner Patienten zog sich mit fünf Jahren den Schlüpfer der Mutter an und erhob ihn zu einer Art Fetisch. Auf diese Weise leugnete er die Penislosigkeit der Frau und verdeckte mit der Hose seinen Penis. Dadurch entging er der Angst vor Kastration. Hier wurde wie bei der Deckerinnerung meiner Patientin eine Verschiebung auf etwas Harmloses vorgenommen und dem Ich als eine Art Ersatzwahrnehmung dargeboten, damit es die anstößige Wahrnehmung verdrängen konnte. Damit die Verdrängung aufrecht erhalten wird, muß das Ich neue Ersatzvorstellungen suchen, und es entwickelt sich ein Deckerinnerungshunger, wie dies der Fall bei meiner Patientin war, die immer mehr neue Kleindetails erinnerte, um auf diese Weise die Schwangerschaften der Mutter zu leugnen. Es sei hier nur kurz an das Erlebnis des „Déjà vu, déjà raconté“ erinnert, welches ebenfalls auf Deckerinnerungen zurückgeht. „Das habe ich schon mal erlebt, das muß ich mir besonders merken.“ Darauf gehen Greenacre und Greenson in ihren Arbeiten besonders ein.

Es bleibt noch zu erörtern, wie es dazu kam, daß die Patientin, von der oben die Rede war, diese Reaktionsweise auswählte. Greenson hat in seiner Arbeit über „Screen defense, screen hunger and screen identity" darauf hingewiesen, daß es sich bei diesen Patienten um Persönlichkeiten handelte, die an ihrem ‚Self-image' erkrankt seien. Er meint, die zudeckende Abwehrfunktion, der Deckerinnerungshunger, schiene der Bildung einer zudeckenden Identität zu dienen. Bei meiner Patientin war es auffallend, daß sie während der Pubertät mit Vorliebe Männerkleider trug und darunter auserlesene, feine Damenwäsche anzog, oder sich als vornehme und gebildete Dame vorkam, wenn sie hochdeutsch sprach. Dagegen als grobes, schwerfälliges Mädchen, sobald sie den Dialekt benutzte. In ihrem Leben war die Patientin erfolgreich gewesen, was ihr jedoch keinerlei Selbstbewußtsein vermittelte. Sie war ständig bemüht Anerkennung zu erhalten und in ihrer sozialen Stellung bestätigt zu werden. Obwohl begabt, war ihre Produktivität sporadisch und unstet. Eine Arbeit, die sie angefangen hatte, konnte sie plötzlich aufgeben, aus Angst sie nicht bewältigen zu können, so wie die Schwangerschaft, die sie nicht austragen konnte. Wie die von Greenson beschriebene Patientin, war auch sie nicht in der Lage Synthesen herzustellen. Es gab nur ein entweder oder. Man könnte diese Patientin als eine Kombination von hysterisch und depressiv bezeichnen, insofern die hysterische Struktur die Depression zudeckt. So war auch meine Patientin bemüht, harmlose Begebenheiten zu erinnern, um schmerzliche zuzudecken. Diese Menschen scheinen auf der Suche nach neuen Erlebnissen und neuen Objekten zu sein, sie hungern geradezu nach etwas Neuem. Das scheint bei ihnen Hoffnungen zu erwecken; nicht nur um Bestätigung zu erlangen, sondern auch um ihnen die Möglichkeit zu geben, ihre Ungeborgenheit und ihr Elend zu leugnen. Diese Menschen, diese Meinung vertreten Greenacre und Greenson, versuchen nicht die krankmachenden Eindrücke über die Vergangenheit zu überwinden, sie versuchen vielmehr die Vergangenheit in ein besseres Licht zu stellen, wie dies ja auch in den friedlichen Szenen der Deckerinnerung meiner Patientin zum Ausdruck kommt. Weil diese Menschen die Vergangenheit in schönen Farben malen, sind sie auch der Ansicht, vom Schicksal besonders bevorzugt worden zu sein. Meine Patientin war der Ansicht, einen besonderen Platz in der Familie inne gehabt zu haben. „Ich wurde anders erzogen wie meine Geschwister, bekam eine bessere Ausbildung", was der Realität zum Teil entsprach. Auch im späteren Leben brachte sie es fertig, daß für sie Sonderregelungen getroffen wurden; was für sie jedesmal eine narzißtische Befriedigung mit sich brachte, wenn es ihr gelang; reagierte sie dagegen mit depressiven Verstimmungen, wenn es ihr mißlang. Im Geben war sie freigiebig, sie konnte auch warmherzig und hilfsbereit sein. Dahinter versteckte sich der Wunsch nach Anerkennung, nach Geliebtwerden. Die Freigiebigkeit und Großzügigkeit diente auch der Abdeckung ihrer Schuldgefühle, ihrer Aggressivität.

Diese Patienten, so meint Greenson, sind von dem Bild, welches sie von sich selbst haben, unbefriedigt und möchten es von außen ändern, indem sie z. B. ihren Beruf wechseln, ihre Muttersprache leugnen, sich einen anderen Namen zulegen oder sich Schönheitsoperationen unterziehen, dies alles nur, um ihr Selbstbildnis, welches für sie nicht annehmbar ist, zu überdecken. Es gelingt ihnen, sich mit mehreren Personen zu identifizieren. Lieben sie jemanden, so übernehmen sie von dem Betreffenden einige Charakterzüge. Auf diese Weise wirken sie schillernd und unstet. In ihren Gefühlen anderen gegenüber sind sie wenig ambivalent, auch da gibt es nur ein Entweder – Oder.

Auch meiner Patientin gelang es schwer, das gute und das böse Objekt in einer Person zu vereinigen. Der Analytikerin gegenüber verhielt sie sich ebenso. Sie liebte sie und versuchte ihre aggressiven Impulse bei anderen Menschen unterzubringen. Man könnte auch sagen, daß es diesen Patienten nicht gelingt, den ganzen Menschen zu lieben.

Der Hunger nach neuen Objekten, der auch für meine Patientin charakteristisch war, diente nicht nur der oralen Befriedigung oder dem Narzißmus, sie brauchte immer wieder Zeugen, und das findet Greenson besonders auffällig, um sich zu beweisen, daß ihre aggressiven Impulse, das Objekt nicht geschädigt haben. Natürlich brauchte sie ihre Objekte auch, um ihre Angst zu mildern. Aber sie blieb ruhelos, hungrig und unbefriedigt, weil es ihr nicht gelang ein Ganzes oder im Ganzen zu lieben.

Keiner fühlt sich in seiner Haut wohl, solange er nicht seinen natürlichen Platz im Leben gefunden hat. Aus der Störung des Selbstbildnisses resultiert ein ungleichmäßiges Verhalten, ein ständiges „auf der Suche sein". Dieses „auf der Suche-Sein" bewirkt bei diesen Patienten einen Hunger nach neuen Identitäten. Sie scheinen mehrere zu haben, wobei die eine Identität, eine andere, die ihnen unannehmbar erscheint, zudekken soll. Auch in ihrem Liebesleben können diese Menschen nur einen Teil des Partners lieben, sie können auch ihn nicht als ein Ganzes sehen, ebenso wenig wie sie sich selbst als ein Ganzes annehmen können.

Nun müßten wir uns fragen, wie es denn dazu kommt, daß meine Patientin und ihr ähnliche Menschen diese Art der Konfliktbewältigung auswählen. Im großen ganzen schien meine Patientin nach außen gut angepaßt, konnte Kontakte aufnehmen, sich selbst z. T. auch kritisch gegenüberstehen. Greenson glaubt, daß Patienten, die Deckerinnerungen als Abwehrmechanismen benutzen, deshalb nicht neurotische Symptome haben, weil sie, in den entscheidenden Momenten ihrer Entwicklung ausreichende Zuwendung von seiten der Eltern bekommen haben. Obwohl meine Patientin in ihrer Entwicklung vieles entbehren mußte, es zwischen den Eltern zu vielen Streitigkeiten kam, scheint sie sowohl in der oralen, wie genitalen Phase genügend Zuwendung bekommen zu haben. Wenn auch Vater und Mutter in ihrer Zuwendung dem Kind gegenüber unzuverlässig waren, so war die Patientin abwechselnd das Lieblingskind des Vaters oder der Mutter und wurde in der ödipalen Situation vom Vater besonders ausgezeichnet. In der Pubertät wurde sie von der Mutter bevorzugt. Wenn auch diese Zuwendung nur für kurze Zeit anhielt, entwickelte sich doch im Kind die Hoffnung, daß die Befriedigung wiederholt werden könnte. Die Befriedigung, die die Patientin auf diese Weise bekam, war nicht nur eine Triebbefriedigung, sondern auch eine narzißtische. Diese Anerkennung diente gleichzeitig der Verleugnung und Abwehr von Angst und Schuld. Wie bei allen Patienten, die Greenson als Beispiel aufführte, so war auch bei dieser Frau die gestörte Ehebeziehung der Eltern ein wichtiger Faktor in dem Zustandekommen ihrer Störung. Die gegenseitige, offene Herabsetzung der Eltern untereinander verursacht, wie Jacobson es aufzeigt, die Entwicklung eines unzuverlässigen Über-Ichs beim Kind. Eltern, die sich gegenseitig anlügen, so meint Greenson, würden in ihren Kindern das Verleugnen erzeugen. Auch die Patienten, die

Greenacre als Beispiel aufführt, stellen in ihrer Erinnerung die Vergangenheit als glücklich dar und verleugnen auf diese Weise die realen Fakten. Es scheint diesen Menschen möglich zu sein, die Unsicherheit und die Erinnerung an schmerzliche Begebenheiten durch zudeckende Erinnerungen aus der Welt zu schaffen. Es gelingt ihnen sich glücklich zu fühlen und ein Gleichgewicht aufrecht zu erhalten, solange sie nicht durch äußere Umstände in eine Identitätskrise kommen.

Ich habe zuerst das Zustandekommen einer Deckerinnerung zu erklären versucht, wie Freud sie uns in seinen Arbeiten darlegt. An Hand eines Beispiels wollte ich zeigen, wie der Inhalt der Deckerinnerung meiner Patientin, der rote Morgenrock, den ersten Kinderjahren angehörte, während die durch sie vertretenen Phantasien späteren Jahren angehörten. Wir haben gesehen, wie diese Deckerinnerung zahlreiche, unbewußte Phantasien zudeckte, die ständig auf eine Gelegenheit lauerten aktiv zu werden, und wie sich daraus ein Deckerinnerungshunger, der als eine Art Ventil diente, entwickelte. Dieses Ventil sollte die Verdrängung aufrecht erhalten, damit schmerzliche Erlebnisse und Phantasien zugedeckt bleiben konnten. Es handelt sich um einen Kampf zwischen dem Erinnern und Nichterinnern. Zum Schluß versuchte ich meine Patientin mit denen von Greenacre und Greenson zu vergleichen und glaube, bei ihr ähnliche Charakterzüge gefunden zu haben, wie die von den beiden Autoren beschriebenen. Es fiel mir nachträglich ein, wie sehr die Patientin auf der Suche nach neuen Eltern war, um auf diese Weise der Auseinandersetzung mit den eigenen aus dem Wege zu gehen, und wahrscheinlich auch deshalb ihre Identität nicht annehmen konnte.

Ich habe mir überlegt, ob das Nicht-austragen-können einer Schwangerschaft, das Nicht-creativ-sein, bei meiner Patientin daher kam, daß sie keine Synthese zwischen der Weiblichkeit und der Männlichkeit herstellen konnte und es ihr deshalb nicht möglich war, sich selbst anzunehmen? Ich glaube, daß die eigene Identität nur akzeptiert werden kann, wenn man sich mit den Imagines der Eltern auseinandergesetzt hat.

Ich hoffe, daß es mir gelungen ist, den Unterschied von einer Erinnerung und die Bedeutung von einer Deckerinnerung aufzuzeigen. Letztere stellt eine Abwehrform spezifischer Art dar, die von Menschen benutzt wird, die eine charakteristische Persönlichkeitsstruktur besitzen. Die Abwehrform besteht zugleich aus Leugnung, Verschiebung und für mein Dafürhalten auch um eine Verkehrung ins Gegenteil. Damit das affektgeladene Ereignis nicht bewußt werden kann, müssen ständig neue Ereignisse auf diese Weise bearbeitet werden, um das Traumatisierende zugedeckt zu lassen. Auf diese Weise entsteht ein Deckerinnerungshunger. Ich habe versucht, die charakteristische Struktur dieser Patienten aufzuzeigen, z. B. ihre große Kontaktfreudigkeit, ihren Hunger nach Neuem, die Begabung mit Worten umzugehen, ihre Tüchtigkeit und Strebsamkeit schlechthin, andererseits aber auch ihre Unfähigkeit Synthesen zu bilden, sich selbst zu bestätigen, ihre Unfähigkeit eine eigene Identität zu finden.

Was mich besonders bei einem Patienten mit einer Deckerinnerungs-Symptomatik beeindruckt, ist die Diskrepanz zwischen seinem äußeren Wohlbefinden und seiner Zufriedenheit und dem Inhalt seiner Träume, die seine Verlassenheit, seinen Hunger, seine Mordimpulse und seine Verzweiflung zum Ausdruck bringen. Die Träume sind verständlich, wenn man das traurige Schicksal seiner Kindheit kennt, jedoch unverständlich, wenn man der spärlichen Erinnerung an seine glückliche Kindheit Glauben schenkt. Seine heutige Situation deckt der Patient ebenso zu, wie er seine unglückliche Kindheit zudeckt.

Freud war der Ansicht, daß jede Abwehrform einem bestimmten Krankheitsbild entspreche. Ich glaube, daß dies auch in dieser Art der Abwehr der Fall sein dürfte. Diese Patienten wehren auf hysterische Art ihre Depression ab. Sie gehören nach Greenson und Greenacre zu jener Gruppe von Menschen, die an einer Identitätsstörung leiden und schließlich unsere Hilfe suchen, weil sie an der Widersprüchlichkeit ihres Verhaltens leiden.

Literatur

K. Abraham (1909): Traum u. Mythos. Eine Studie zur Völkerpsychologie.
– (1913): Eine Deckerinnerung betreffend ein Kindheitserlebnis von scheinbar ätiologischer Bedeutung. Conditio Humana.
O. Fenichel (1927): Zur ökonomischen Funktion der Deckerinnerungen. Int. Zeitschrift f. Psychoanalyse Bd. XIII.
S. Freud (1899): Über Deckerinnerungen G. W. I.
– (1905): Drei Abhandlungen zur Sexualtheorie. G. W. V.
– (1909-1913): Eine Kindheitserinnerung des Leonardo da Vinci. G. W. VIII.
– (1917): Märchenstoffe in Träumen. G. W. X.
– (1917): Erinnern, Wiederholen und Durcharbeiten. G. W. X.
– (1916-1917): Das Unbewußte.
– (1917-1920): Eine Kindheitserinnerung aus „Dichtung und Wahrheit". G. W. XII.
– (1920-1924): Traum u. Telepathie. G. W. XIII.
Ph. Greenacre (1950): A Contribution to the Study of Screen Memories. Psychoanalytic study of the Child Vol. III/IV.
R. Greenson (1958): On screen defenses, screen hunger an screen identity. New York Int. Univ. Press.
H. Nunberg (1959): Das Unbewußte in der Neurose.
E. Simmel (1925): Entstehungsmechanismus einer Deckerinnerung. Internationale Zeitschrift f. Psychoanalyse.
R. Waelder (1963): Die Grundlage der Psychoanalyse.

Dr. med. Alice Zimmer, Ch. du Russel 4, CH 1025 St. Sulpice

Psychoanalyse und Nationalsozialismus*

Elisabeth Brainin, Wien, und Isidor J. Kaminer, Frankfurt a.M.

Übersicht: Aufgrund der Tatsache – dies die These der Autoren –, daß sich die nicht emigrierten deutschen Psychoanalytiker zwischen 1933 und 1945 auf zweifelhafte Weise mit dem Nationalsozialismus und seinen psychotherapeutischen Institutionen arrangiert haben, läßt sich für die gegenwärtige Situation der Psychoanalyse feststellen, daß die unbewältigte Vergangenheit für sie ein Trauma darstellt, das ihrem radikalen Wahrheits- und Erkenntnisanspruch fatal im Wege steht.

Einleitung

Die Folgen des Nationalsozialismus für die psychoanalytische Bewegung sind weitreichend und haben die Ausmaße eines Traumas angenommen, das bis heute nicht bewältigt ist. Die Auswirkungen des Nationalsozialismus implizieren nicht nur die Vertreibung und Tötung von Analytikern und die Zerstörung psychoanalytischer Institutionen auf dem europäischen Kontinent, sondern auch die Tatsache, daß z. B. in Deutschland die Psychoanalyse ins herrschende staatliche System integriert wurde. Daß dies alles bis in die Gegenwart unbewußt wirksam ist, zeigt sich in den verzerrten und widersprüchlichen Darstellungen dieses Zeitabschnitts, im fehlenden Gedächtnis und in der Achtlosigkeit, mit der man mit historischen Fakten umgeht.[1]

Obwohl „Erinnern, Wiederholen und Durcharbeiten" ein wesentliches Prinzip psychoanalytischer Arbeit darstellt, ist ein Großteil der Analytiker nicht in der Lage, dieses Prinzip auf die Ära des Nationalsozialismus anzuwenden. Sie waren und sind den gleichen Abwehrprozessen unterworfen, wie sie typisch für die Gesellschaft sind, in der sie

* Bei der Redaktion eingegangen am 23.4.1982.

1 Im Info für Kandidaten und Ausbildungsteilnehmer der DPV Nr. 17 (1981), dem 100. Geburtstag Max Eitingons gewidmet, werden sein Leben und Werk dargestellt. *Nicht* erwähnt werden die Folgen der nationalsozialistischen Herrschaft: sein Rücktritt als Vorsitzender der DPG, seine Emigration nach Palästina und damit die Aufgabe seines Lebenswerkes, des Berliner Psychoanalytischen Instituts.

leben. Die Entwicklung psychoanalytischer Identität, Theorie und Praxis sowie die Herausbildung psychoanalytischer Institutionen nach dem Krieg können nicht losgelöst davon betrachtet werden.

Die unterschiedlichen historischen Erfahrungen etwa von Juden, Deutschen und Holländern während des Nationalsozialismus müssen bei der Auseinandersetzung mit dieser Zeit zu verschiedenen Ansatzpunkten führen. Es scheint, als hätten die jeweiligen Erfahrungen, die nicht wahrgenommen und benannt werden durften, die Macht eines Tabus bekommen.

Wir entschlossen uns bewußt als Juden, die heute in Österreich bzw. in der Bundesrepublik leben, dieses Thema aufzugreifen. Im ersten Teil unserer Arbeit wollen wir versuchen, eine knappe Skizze der historischen Fakten zu geben, während wir im zweiten Teil einige Überlegungen zur psychischen Verarbeitung dieser Realität anstellen. Wir verstehen diese Arbeit als einen Versuch, den Prozeß von „Erinnern" und „Durcharbeiten" zu beginnen.

I

1932, einige Monate bevor Hitler Kanzler wurde, fand in Wiesbaden der 12. Internationale Psychoanalytische Kongreß unter Max Eitingons Vorsitz statt. Es war der bis heute letzte internationale psychoanalytische Kongreß auf deutschem Boden. Daß dieser Kongreß in Deutschland stattfinden konnte, war für Eitingon in seiner Eröffnungsrede Ausdruck der zunehmenden Etabliertheit und Anerkennung der Psychoanalyse in Deutschland. Die Gefahr, die sich für die Psychoanalyse durch das Erstarken des Nationalsozialismus abzeichnete, wurde kaum begriffen (Eitingon, 1933 b, S. 259; 1933 a). Bereits damals verließen viele Analytiker Deutschland.[2]

2 Vgl. Bericht der Int. Unterrichtskommission 1935, S. 310–312, und Dräger, 1971, S. 261: Hörerzahl: 1931: 22; 1932: 138; 1933: 39; 1934: 0; Kandidaten: 1932: 34; 1933: 23; 1934: 18.

Kurz nach der Machtergreifung Hitlers wurde die Bestimmung erlassen, Juden aus den Vorständen wissenschaftlicher Vereine auszuschließen. Der Vorstand der DPG bestand damals aus drei Juden: Eitingon, Simmel, Fenichel. Boehm und Müller-Braunschweig fungierten als Stellvertreter. Am 17. April 1933 fuhr Boehm zu einer Aussprache mit Freud nach Wien. In einem Bericht darüber zitiert er Freud, „daß seines Erachtens eine Änderung des Vorstandes die Regierung nicht davon abhalten würde, die Psychoanalyse zu verbieten". In Boehms weiterer Darstellung kommt man zu dem Schluß, daß eine völlige Übereinstimmung zwischen ihm und Freud in bezug auf den Rücktritt des jüdischen Vorstands bestanden habe.[3] Die Generalversammlung der DPG vom 6. Mai erwähnt er nicht. Dort wurde mit Stimmenmehrheit beschlossen, „keine Änderungen in den Besetzungen der Ämter in der Gesellschaft und im Institut eintreten zu lassen" (Boehm, 1933, S. 637).

All das spielte sich in einer Periode zunehmenden Terrors ab, in der Freuds Bücher mit den Worten „Gegen die seelenzerstörende Überschätzung des Sexuallebens – und für den Adel der menschlichen Seele! Ich übergebe dem Feuer die Schriften der Schule Sigmund Freuds" verbrannt wurden. Freud meinte dazu: „Was wir für Fortschritte machen! Im Mittelalter hätten sie mich verbrannt, heutzutage begnügen sie sich damit, meine Bücher zu verbrennen!" (E. Freud, L. Freud, Grubrich-Simitis, Eissler, 1976, S. 238). Im Zynismus dieser Bemerkung schwingt, nachträglich betrachtet, etwas Verharmlosendes mit. Sie scheint den Nationalsozialismus in eine Kontinuität der jahrhundertelangen Judenverfolgung in Europa zu stellen und doch die Hoffnung auszudrücken, daß dieser Spuk im 20. Jahrhundert bald vorübergehen werde. Zu dieser folgenschweren Fehleinschätzung kamen nicht nur bürgerliche Wissenschaftler, sie bestimmte auch die Politik großer Teile

3 Das Verhältnis einiger Wiener Analytiker zu Boehm war damals nicht eben ungetrübt. Als er und seine Frau, gemeinsam mit Jekels, der Berlin gerade verlassen hatte, bei Federns zu Besuch waren, sei es zu einer heftigen Auseinandersetzung gekommen. Boehms Frau stand zumindest in einem Nahverhältnis zur NSDAP, während Jekels, ein Jude, für seine kommunistische Gesinnung bekannt und Paul Federn als Sozialdemokrat engagiert war (persönliche Mitteilung von Ernst Federn).

der europäischen Arbeiterparteien. Viele Analytiker in Deutschland waren für ihr Engagement in linken Organisationen bekannt.

Am 18.11.1933 trat Eitingon als Vorsitzender der DPG zurück. Der Vorstand wurde auf Boehm und Müller-Braunschweig beschränkt. Nach dem Rücktritt des jüdischen Vorstands kam es schließlich, zwei Jahre später, zur vollständigen „Arisierung“ der DPG. Die „Arisierung“ bestand nicht allein in personellen Veränderungen. Das Berliner Psychoanalytische Institut und die Poliklinik, die aus Eitingons Mitteln finanziert worden waren (vgl. Freud, 1930, S. 5), gingen nach seiner Emigration nach Jerusalem vollständig in den Besitz des späteren Göring-Instituts über.

Mit dem Wirksamwerden der Nürnberger Rassegesetze fand 1935 eine Geschäftssitzung der DPG unter Vorsitz von E. Jones statt, über die berichtet wird, daß „die wenigen in Deutschland verbliebenen jüdischen Analytiker den Beschluß faßten, aus der DPG auszutreten“ (Boehm, 1951, S. 3 f.).

Die „wenigen“ jüdischen Analytiker machten damals etwa die Hälfte aller Mitglieder aus. Boehms Darstellung soll den Eindruck erwecken, daß Juden in dieser Zeit die Wahl hatten, freiwillig aus einer wissenschaftlichen Vereinigung auszuscheiden oder in ihr zu verbleiben. Sie wird vollends fragwürdig, wenn man bedenkt, daß der nichtjüdische deutsche Analytiker Dr. Kamm auf dieser Sitzung seine Mitgliedschaft unter Protest niederlegte und gemeinsam mit den jüdischen Kollegen auswanderte (Dräger, 1971, S. 261).

Bei einem Treffen zwischen Anna Freud, Jones und Boehm anläßlich des Ausschlusses der jüdischen Mitglieder kam es laut Angaben Boehms zu einer völligen Übereinstimmung. Anna Freud berichtete einem der Autoren in einem Gespräch im Februar 1982 Gegensätzliches: Mit der Übereinstimmung sei es nicht weit hergewesen. Sie hätte Boehm gefragt, ob er auch Freud ausgeschlossen hätte, wenn er Mitglied der DPG gewesen wäre. Dieser bejahte ohne Zögern. Alles weitere war für sie dann die Angelegenheit der Deutschen. Sowohl sie als auch ihr Vater wollten mit dem deutschen Angelegenheiten nichts mehr zu tun haben, was auch aus Boehms Bericht über seinen Besuch in Wien 1937 klar hervorgeht. Der Besuch erfolgte nach der Beschlagnahmung der Buchbestände des Internationalen Psychoanalytischen Verlags,[4] nach dem von den Nazis erzwungenen Austritt der DPG aus der IPV und nach der Gründung des „Deutschen Instituts für Psychologische Forschung und Psychotherapie". Boehm erstatte in Wien Bericht zu einem Zeitpunkt, da das Göring-Institut in die von Eitingon finanzierten Räumlichkeiten des BPI eingezogen war, die DPG nicht nur an diesem Institut mitarbeitete sondern ihren gesamten Besitz zur Verfügung gestellt hatte. Boehm wurde bei seinem dreistündigen Bericht von Freud mit den Worten unterbrochen: „Genug, wir Juden haben jahrhundertelang um unserer Überzeugung willen gelitten, jetzt werden sich auch unsere christlichen Kollegen daran gewöhnen müssen, auch um ihrer Überzeugung willen zu leiden"[5] (Boehm, 1951, S. 6). Anschließend verließ Freud die Sitzung. Im Monat der sogenannten Kristallnacht, im November 1938, erfolgte die Auflösung der DPG, die ja gerade durch all diese Kompromisse hatte verhindert werden sollen. Sie wurde als „Arbeitsgruppe A" am Göring-Institut weitergeführt, ohne daß die Mitglieder sich Analytiker nennen durften. Der psychoanalytische Begriffsapparat mußte aus dem Sprachgebrauch eliminiert, es durften nur noch sogenannte Lehrbehandlungen durchgeführt werden. Bei aller auch noch so großen politischen Abstinenz war es unmöglich, die Vorgänge in Deutschland bei den nach 1933 stattfindenden internationalen psychoanalytischen Kongressen nicht zu erwähnen. 1934, beim IPV-Kongreß in Luzern, mußte Jones bemerken: „Es kann leider auch nicht behauptet werden, daß unsere Vereinigung durchaus frei von Rassen- und Nationalvorurteilen ist" (Jones, 1934, S. 112–115). Innerhalb der IPV gab es bereits damals unterschiedliche Haltungen zu den Ereignissen in Deutschland. Jones

4 Die Buchbestände konnten nur durch diplomatische Intervention von Frankreich, England und den USA gerettet werden. Der Verlag wurde daraufhin nach Wien verlegt.

5 Den anschließenden Satz Freuds gibt Boehm wie folgt wieder: „Ich lege keinen Wert darauf, daß mein Name in Deutschland genannt wird, wenn nur mein Werk weiter richtig vertreten wird." Bei Clark heißt es jedoch: „... solange mein Werk dort nicht richtig vertreten wird." (Clark, 1979, S. 553) Die unterschiedliche Zitierung scheint uns keine Frage unterschiedlichen wissenschaftlichen Herangehens, sondern Ausdruck verschiedener Positionen zu sein, die sich in der Handhabung der „objektiven" historischen Fakten ausdrückt.

sah sich in seinem Abschlußbericht gezwungen, die Haltung der in Deutschland verbliebenen „deutschen und nichtjüdischen Analytiker", im besonderen Boehms, gegen Kritik verhement zu verteidigen. Bei dieser Sitzung kam es zu einer heftigen Debatte über die sogenannten wilden Analytiker der nordischen Länder und nicht über die Ereignisse in Deutschland (Jones, 1934, S. 131–135, 139). W. Reich war damals bereits aus Deutschland emigriert und mit O. Fenichel an der Gründung einer psychoanalytischen Gruppe in Norwegen beteiligt, um deren Aufnahme in die IPV es ging. Wir vermuten einen Zusammenhang zwischen dieser Debatte und Reichs Ausschluß aus der IPV. Sein Ausschluß erfolgte 1934 auf diesem Kongreß. Bei diesem Ausschluß ging es darum, ihn aus der DPG zu entfernen, wo er schon längst unerwünscht war. Seine Kritik an der Haltung der DPG und der IPV gegenüber den Nazis war u. E. der entscheidende Grund. „Man wird zwar geprügelt, bleibt aber vornehm dabei. Zwar wurden Freuds Bücher von A. Hitler verbrannt, zwar tritt die deutsche Psychotherapie unter der Führung C. G. Jungs in echt nationalsozialistischer Weise gegen den Juden und ‚Untermenschen' Sigmund Freud auf, zwar findet die Psychoanalyse Freuds, soweit sie naturwissenschaftlich ist, immer mehr Anerkennung und echte wahrhafte, verständnisvolle Vertretung im Lager der revolutionären Bewegung, aber man bleibt vornehm. Man sitzt zwischen den Stühlen und beruhigt sich mit objektivem Geist" (Reich, 1934, S. 59). „Man mag sich hinter Illusionen wie dem Glauben an eine ‚unpolitische', das heißt der Politik völlig disparate Natur der Wissenschaft verstecken: Das wird aber die politischen Mächte nie daran hindern, die Gefahren zu wittern, wo sie in der Tat liegen, und dementsprechend zu bekämpfen (z. B. Verbrennung der Bücher Freuds)" (ebd., S. 61). Diese Position konnte von der IPV und der DPG angesichts ihrer kompromißbereiten Politik gegenüber den Nazis nur als Bedrohung empfunden werden; Reichs Ausschluß war daher konsequent. Das betrifft jedoch nur einen Aspekt der Kontroverse um Reich, auf die wir hier nicht näher eingehen wollen.

Auch beim nächsten Kongreß in Marienbad 1936 wurde die Tragweite der Ereignisse falsch eingeschätzt. Sie wurden kurz erwähnt, aber Jones hielt an seiner ursprünglichen Position fest, das kompromißbereite Vorgehen der DPG zu unterstützen. Die Mitarbeit am Göring-Institut wurde nicht weiter kritisiert. Das „Deutsche Institut für psychologische Forschung und Psychotherapie" war die herausragende psychotherapeutische Institution in Deutschland. Somit waren die Nazis die ersten, die die Ausübung der „Psychoanalyse" in einer staatlichen Institution ermöglichten. Finanziert wurde das Institut zunächst von der „Deutschen Arbeitsfront", später vom Reichsinnenministerium. Der oberste Leiter war Dr. Linden, einer der Hauptverantwortlichen für die Euthanasie an Geisteskranken. Er hielt am Institut Referate, darunter eines über Rassenhygiene. Es gab enge Verbindungen zur Luftwaffe, mehrere hohe Luftwaffenoffiziere nahmen an Seminaren und Praktika über Kurztherapie teil. Führungsoffiziere erhielten am Institut eine Ausbildung zur „Wehrbetreuung". Dabei hatten die Freudianer mehr Einfluß als die Jungianer (Cocks, 1975, S. 171). Das Institut stand offen im Dienst der Naziideologie: man arbeitete über Infertilität, Steigerung der Geburtenzahlen und Homosexualität.[6] Das Buch Kempers „Die Störung der Liebesfähigkeit beim Weib" wurde damals veröffentlicht. Die Ideologie, mit der das Institut die psychotherapeutische Versorgung einrichtete, wird in Görings Ansprache vor der Deutschen Allgemeinen Ärztlichen Gesellschaft für Psychotherapie, 1938, deutlich: „Gesund zu sein und zu bleiben ist nicht eine private Angelegenheit, sondern eine Pflicht; jeder Schaden gegenüber Leben und Gesundheit, den wir erleiden oder verursachen ist ein Schaden gegenüber Deutschland. Die Verhütung von Schaden ist im Nationalsozialismus enthalten" (Cocks, 1975, S. 162, 305, 312, 283).

Eben dieser Göring der im Institut „Papi" genannt wurde, bezeichnete die Freudsche Analyse als „rassenfremd". Er war der Ansicht, daß die Freudianer am Institut zu sehr „verjudet" seien. Die Kurztherapie wurde an diesem Institut besonders gefördert. „Papi" Göring war kein unbeschriebenes Blatt. Als Cousin des Reichsmarschalls Hermann Göring hatte er, nach dem Rücktritt Kretschmers, den Vorsitz der Deut-

6 Dazu sei bemerkt, daß Homosexuelle bekanntlich ebenso verfolgt wurden wie Juden, „Asoziale" oder Zigeuner. Sie waren als Träger des „rosa Winkels" in deutschen KZs inhaftiert.

schen Allgemeinen Gesellschaft für Psychotherapie übernommen, die Teil der übernationalen war und deren Vorsitz C. G. Jung innehatte. In der ersten Sondernummer der Zeitschrift „Deutsche Seelenkunde" schrieb Göring: „Die Gesellschaft setzt von allen ihren schriftstellerisch und rednerisch tätigen Mitgliedern voraus, daß sie A. Hitlers grundlegendes Buch ‚Mein Kampf' mit allem wissenschaftlichen Ernst durchgearbeitet haben und als Grundlage anerkennen. Sie will mitarbeiten am Werk des Volkskanzlers, das deutsche Volk zu einer heroischen, opferwilligen Gesinnung zu erziehen" (zit. nach Zapp, 1980, S. 20 f.). In dem gleichen Heft veröffentlichte Schultz-Hencke, Mitglied der DPG, den Aufsatz: „Die Tüchtigkeit als psychotherapeutisches Ziel". Müller-Braunschweig stand dahinter nicht zurück. 1933 schreibt er in einem Aufsatz über „Psychoanalyse und Weltanschauung" im „Reichswart": „Der Psychoanalyse ist oft der Vorwurf gemacht worden, sie sei als Forschung und Therapie zersetzend und undeutsch ... Es ist zugegeben, daß sie ein gefährliches Instrument in der Hand eines destruktiven Geistes ist und es darum entscheidend ist, wessen Hand dieses Instrument führt... Die Psychoanalyse bemüht sich, unfähige Weichlinge zu lebenstüchtigen Menschen, Instinktgehemmte zu Instinktsicheren, lebenfremde Phantasten zu Menschen, die den Wirkleichkeiten ins Auge zu sehen vermögen, ihren Trieb Ausgelieferte zu solchen, die ihre Triebe zu beherrschen vermögen, Liebesunfähige und egoistische Menschen zu Liebes- und Opferfähigen, am Ganzen des Lebens Uninteressierte zu Dienern, am Ganzen umzuformen. Dadurch leistet sie eine hervorragende Erziehungsarbeit und vermag den gerade jetzt herausgestellten Linien einer heroischen, realitätszugewandten, aufbauenden Lebensauffassung zu dienen" (Müller-Braunschweig, 1933, S. 22). Unter den Bedingungen eines Terrorregimes ist die Abgrenzung von der herrschenden Ideologie, bei ständigen Kompromissen mit diesem Regime, nicht möglich. Obwohl Müller-Braunschweigs Artikel, der nach der Bücherverbrennung erschien, eine Verteidigung der Psychoanalyse gegen nationalsozialistische Angriffe sein sollte, muß er so enden, wie oben zitiert. Zu Beginn schreibt er: „Die gegenwärtige Gesamtlage fordert erneute Einwertung" (der Psychoanalyse). So wird die „Rettung" und „Verteidigung" der Psychoanalyse zum Wegbereiter für die

Ideologie der Herrschenden. Auch für die Mitarbeit am späteren Göring-Institut trifft dies zu. Der angebliche Freiraum und die von vielen als „anregend“ dargestellte Atmosphäre des Instituts konnten dagegen keinen Schutz bieten. Einzig die aktive Teilnahme am politischen Widerstand konnte verhindern, daß Teile der Nazi-Ideologie internalisiert wurden. Im Falle J. Rittmeisters – dem Leiter der Poliklinik – führte dies allerdings zu seiner Hinrichtung.

1938, im Jahre der Auflösung der DPG, marschierten die Deutschen in Österreich ein. Bereits 1934, nach dem Februaraufstand in Österreich und der Errichtung des austrofaschistischen Ständestaates, ging es um zwei Arten von Bedrohung für die Psychoanalyse: um eine direkte, die im Zusammenhang mit der Betätigung in verbotenen linken Gruppierungen stand, und um eine indirekte, die mit dem Widerspruch zu tun hatte, in den die Psychoanalyse aufgrund ihres aufklärerischen Charakters mit der herrschenden klerikalen Ideologie geraten mußte. Diese Situation führte zu besonderer Vorsicht bei Publikationen und zu einem „Verbot“ des Vorstands der WPV, sich illegal politisch zu betätigen oder politisch aktive Patienten zu behandeln. Das stand nicht zuletzt in Zusammenhang mit der Verhaftung E. Jacobsons, die sich 1935 in Berlin weigerte, über einen politisch tätigen Patienten Auskünfte an die Gestapo zu erteilen.[7]

Sterba berichtet über diese Zeit, daß Müller-Braunschweig einen Wiener Analytiker 1936 zu einem Vortrag ans Berliner Institut laden wollte; einzige Bedingung war, er müsse Nichtjude sein. Keiner der Wiener nichtjüdischen Analytiker fand sich unter diesen Bedingungen dazu bereit, und das Ansinnen wurde abgelehnt (Sterbas Referat vor der WPV 1975). Auf der sofort nach dem „Anschluß“ stattfindenden Vor-

7 In den uns zugänglichen Quellen wird kein Fall von Ausschluß aus der WPV wegen politischer Betätigung erwähnt. Vielmehr hatten einige bekannte Analytiker wie Bernfeld, Federn, Nunberg, Deutsch, Friedjung, Buxbaum enge Beziehungen zu linken Organisationen. Von den Ausbildungskandidaten war M. Langer nicht die einzige, die einer verbotenen politischen Tätigkeit nachging. R. Ekstein, M. Gardiner, T. Erdheim-Genner seien hier nur beispielhaft erwähnt. Einige von ihnen mußten deshalb sogar Haftstrafen verbüßen (vgl. Borneman, 1981, S. 41; Huber, 1977, S. 27f.; Int. J. Psychoanal., 1946, S. 17f.; Langer, 1971, S. 39–42).

standssitzung wurde beschlossen, daß „jeder dem es möglich sei, aus dem Land fliehen solle und der Sitz der Vereinigung dorthin zu verlegen sei, wo sich Freud niederlasse“ (Huber, 1977, S. 52). Richard Sterba, Nichtjude, entschloß sich sofort zur Emigration. Er hatte den Vorschlag Müller-Braunschweig abgelehnt, neuer Vorstand der Berliner Poliklinik zu werden. Anna Freud würdigte sein Verhalten mit den Worten: „Wir alle waren überzeugt, daß Sie nicht die Rolle hier spielen würden, die Felix Boehm in Berlin gespielt hat“ (ebd.). Anna Freud berichtet in dem bereits erwähnten Gespräch über Sterbas Begründung für seinen Entschluß: Er sei als Nichtjude der Gefahr der Anpassung noch viel stärker ausgeliefert gewesen als die Juden. Dieser Gefahr wollte er sich nicht aussetzen. Er erkannte die prinzipielle Unvereinbarkeit psychoanalytischer Tätigkeit mit den Anforderungen nach Anpassung unter einem Terrorregime und zog daraus die Konsequenzen.

Die Vorgänge, die sich im Zusammenhang mit der Beschlagnahmung des psychoanalytischen Verlags, der von Leipzig nach Wien gerettet worden war, abspielten, bleiben unklar. Martin Freud wurde unter Arrest genommen. Anna Freud kam in Gestapo-Haft.[8]

Der nationalsozialistische Chemiker Sauerwald wurde als kommissarischer Leiter der WPV, des Ambulatoriums und des Verlags eingesetzt. Die WPV wurde schließlich aufgelöst, die DPG, die damals noch existierte, übernahm die Treuhänderschaft über die Rechte und Pflichten sowie das Vermögen der WPV. SA-Banden und Gestapo drangen mehrmals in Freuds Wohnung ein. Die Situation schien derart verzweifelt, daß Anna Freud nach Schurs Darstellung an Selbstmord dachte,

8 Müller-Braunschweig schreibt zu diesen Vorgängen, er sei von der WPV „um Hilfe gebeten worden“ (Müller-Braunschweig, 1948, S. 18). Aus Kempers Sicht sieht es so aus, als hätten die Analytiker am Göring-Institut sich bei Göring dafür eingesetzt, die WPV und den Internationalen Psychoanalytischen Verlag „vor der drohenden Vernichtung zu bewahren“ (Kemper, 1973, S. 275). Bei Jones heißt es: „Dann kam Müller-Braunschweig in Begleitung eines Nazi-Kommissars aus Berlin in der Absicht, die ganze psychoanalytische Organisation zu liquidieren“ (Jones, 1957, S. 262). Über den bei vielen Autoren als Ursache für A. Freuds Verhaftung erwähnten Brief Müller-Braunschweigs sagte sie selbst, er sei bedeutungslos, lediglich höflich gewesen, und habe sicherlich keine Vorwarnung enthalten (persönliche Mitteilung). Nach Hubers Darstellung ist sogar der chronologische Ablauf nicht eindeutig (Huber, 1977, S. 187).

worauf Freud ihr erwiderte: ‚Warum? Weil sie (die Nazis) gerne möchten, daß wir das tun?'" (Schur, 1973, S. 587).

Die Selbstmordrate stieg in Österreich nach dem „Anschluß" auf das Doppelte bis Dreifache an. Die „New York Times" berichtet im März 1938 aus Wien, daß „Die Juden schutzlos Verhaftung, Plünderung, Beraubung ihres Lebensunterhaltes und der Wut des Mobs ausgesetzt seien" (zit. nach Rosenkranz, 1978, S. 39).

Freud emigrierte schließlich am 14. Juni 1938 mit seiner Familie nach London. Die meisten Analytiker folgten bald, und von den 102 Analytikern und Kandidaten blieben schließlich nur zwei Analytiker und vier Kandidaten in Wien zurück (Huber, 1977, S. 56). Die Emigration so vieler in so kurzer Zeit – den meisten gelang die Emigration bereits vor der „Kristallnacht" – konnte nur durch das mutige und entschlossene Verhalten von Marie Bonaparte ermöglicht werden. Trotzdem gelang es nicht, die vier Schwestern Freuds zu retten, sie kamen in deutschen KZs um (vgl. Krüll, 1979, S. 254 f.).[9]

Die Redaktion der „Internationalen Zeitschrift für Psychoanalyse" und der „Imago" wurde nach London verlegt. Der letzte Jahrgang dieser Zeitschrift erschien 1941. Seitdem gibt es sie nicht mehr. Eingestellt wurden auch die „Zeitschrift für psychoanalytische Pädagogik", „Der Almanach der Psychoanalyse" und „Die psychoanalytische Bewegung". Die Beziehungen zwischen den wenigen in Wien verbliebenen Analytikern und der NS-Macht waren nie so eng wie in Berlin. Denn in Wien gab es nicht eine solche Institution wie das „Deutsche Institut für psychologische Forschung und Psychotherapie", und Winterstein selbst war „rassisch" nicht „einwandfrei". August Aichhorn wurde 1938 als einziger Österreicher Mitglied des Göring-Instituts (sein Sohn war in Dachau inhaftiert). Diese Mitgliedschaft ermöglichte es ihm, Kandidaten auszubilden. Ein großer Teil von ihnen waren Ärzte und Psychologen aus der Heeres- und Luftwaffenpsychologie bzw.

9 Bereits vor der internationalen Konferenz von Evian, die im Juli 1938 stattfand, um die Einwanderungsquoten neu zu bestimmen, verschärften viele Länder die Einwanderungsbedingungen für Juden. Tausende österreichischer Juden wurden aus verschiedenen Ländern, in denen sie Zuflucht suchten, wieder ausgewiesen (vgl. Rosenkranz, 1978, S. 95–105).

-psychiatrie (Huber, 1977, S. 64). Auf Veranlassung von M. H. Göring wurde Aichhorn 1938 auch Mitglied der „Wiener Arbeitsgemeinschaft". Diese war im gleichen Jahr von M. H. Göring als Zweigniederlassung des „Deutschen Instituts für psychologische Forschung und Psychotherapie" gegründet worden. Ein Mitglied dieser Arbeitsgemeinschaft, Graf Karl von Montesizky, wurde von der Gestapo verhaftet und kam in einem KZ um (ebd., S. 65).

1938 wurde der 15. Internationale Psychoanalytische Kongreß in Paris von Jones mit den Worten eröffnet: „Unsere heutige Zusammenkunft steht unter dem Eindruck eines neuen, fürchterlichen Schlages, den die Psychoanalyse erlitten hat, das ist die Auflösung der Wiener Psychoanalytischen Vereinigung..." (Jones, 1938, S. 361–363).

1939, nach Ausbruch des Krieges, wurde das Pariser Institut geschlossen. Analytiker mußten aus Frankreich emigrieren oder wurden, nach der deutschen Okkupation 1940, ermordet.

In Polen wurde der Entwicklung der Psychoanalyse um Bykowski und Bornstein und der weiteren Entfaltung der Psychoanalyse in der psychiatrischen Abteilung des jüdischen Krankenhauses in Warschau ein Ende gesetzt. Im Warschauer Getto starb Salomea Kempner, die Mitglied der DPG gewesen war.

In Italien wurde die psychoanalytische Vereinigung von den Faschisten ebenfalls aufgelöst, obwohl E. Weiss gute Beziehungen zu Mussolini gehabt haben soll, was für die Rettung Freuds von großer Bedeutung war. 1941, als in Holland Juden aus der holländischen psychoanalytischen Gesellschaft austreten mußten, löste sich die Amsterdamer Gruppe freiwillig auf. Insgeheim fanden jedoch wöchentlich wissenschaftliche Sitzungen mit Themen wie „Aggression in unserer Zeit" (Dr. P. Tibout) oder „Demokratische und totalitäre Regierungsformen" (Dr. van der Hoop) statt. Die Ausbildung von 16 Kandidaten und die psychoanalytische Behandlung wurde im Untergrund fortgesetzt. Jüdische Analytiker wurden versteckt.

Karl Landauer, der vor den Nazis aus Deutschland nach Holland geflohen war und nicht nur das Frankfurter Institut, sondern auch die holländische psychoanalytische Vereinigung mitbegründet hatte, wurde von den Nazis nach Theresienstadt deportiert und kam in Bergen-Belsen um (Nunberg und Federn, 1981, S. XXI; van der Sterren, 1946, S. 83–86). Watermann starb ebenfalls in einem deutschen KZ.

Die Prager psychoanalytische Gruppe wurde ebenfalls aufgelöst; Fenichel, der von 1922 bis 1934 in Berlin tätig war und über Oslo nach Prag kam, mußte in die USA emigrieren.

Die ungarische Gruppe konnte bis zur Invasion durch deutsche Truppen 1944, wenn auch unter Repressionen, weiterarbeiten. Jede Sitzung mußte polizeilich gemeldet werden und wurde observiert. Antisemitische Maßnahmen wurden auch in Ungarn immer stärker, bis 1941 der Vorstand der Vereinigung nicht mehr von einem Juden besetzt werden durfte. Mit dem deutschen Einmarsch wurde jede Aktivität der psychoanalytischen Vereinigung verboten, Juden durften weder behandeln noch behandelt werden. Insgeheim traf man sich jedoch weiter zu Sitzungen, auch jüdische Patienten wurden behandelt. Mit dem Beginn der Massendeportationen ungarischer Juden nach Auschwitz mußten sich die jüdischen Analytiker versteckt halten. Einige lebten unter schwedischem Schutz, andere suchten in Rot-Kreuz-Häusern Zuflucht. Trotzdem starben Géza Dukes, Miklos Gimes, Nicolaus Sugaŕ in KZs, Laszlo Révész, Erzsébet Petö-Pardos und János Kerényi wurden von Pfeilkreuzlern ermordet (Hermann 1946, S. 87–92).[10]

IIa

Die verzerrte Darstellung der Ereignisse zwischen 1933 und 1945 durch die Nachkriegs-„Urväter“ der Psychoanalyse in der BRD sollte das eigene Verhalten rechtfertigen. Sie ist nur als Entlastungsversuch zu verstehen. Da gibt es kein Wort der Trauer und des Bedauerns,[11] im Gegenteil, es wird noch der Versuch unternommen, das eigene Verhalten zu rechtfertigen. Bedauert wird allein das eigene Leid oder der Verlust an intellektuellen Kapazitäten, der durch das „Weggehen“ – so wird

10 Dieser bewegende Bericht der ungarischen Gesellschaft unterscheidet sich von anderen durch die Ausführlichkeit, in der er der Toten gedenkt.

11 Die Darstellung Drägers (1971) hebt sich wohltuend davon ab.

die Vertreibung und der Ausschluß der jüdischen Mitglieder bezeichnet – eintrat. In der Darstellung der Entwicklung der DPV nach dem Krieg wird ein Ton der Harmonisierung deutlich, besonders wenn es um das Verhältnis zur IPV geht, der den Tatsachen nur zum Teil entspricht. Jones war nach der Trennung von Schultz-Hencke um den Aufbau der DVP bemüht.[12] Von seiten der Internationale kam es jedoch nie zu einer Klarstellung des Verhältnisses zu den deutschen Analytikern.

Das Mißtrauen der emigrierten Analytiker war sehr groß. Viele weigerten sich nach dem Krieg, die deutsche Sprache in der Öffentlichkeit zu verwenden, die deutschen Analytiker scheuten nach der Trennung von Schultz-Hencke eine weitere Klarstellung. Noch 1977, beim internationalen Kongreß in Jerusalem, kam es zu heftigen Auseinandersetzungen und Ablehnungsäußerungen, als Berlin für den nächsten Kongreß vorgeschlagen wurde.

Als Begründung für das Verhalten deutscher Analytiker während der Nazizeit ist immer wieder die „Rettung" der Psychoanalyse angegeben worden. Aber es ging nicht nur um die Psychoanalyse. Auch die eigene Sicherheit und die soziale Position, die mit ihr verbunden war, sollten um jeden Preis gerettet werden. Baumeyer versucht die großen persönlichen Opfer darzustellen, die darin bestanden, „daß die Psychoanalyse nur durch ‚Arier' in Deutschland vertreten werden durfte und daß Hinweise auf die jüdische Abkunft vermieden werden mußten". Man hat fast den Eindruck, daß die „Arier" die Opfer bringen mußten, während die Juden emigrierten. Er schreibt weiter: „Mir scheint, daß das Ergebnis nachträglich das kompromißbereite Vorgehen der DPG gerechtfertigt hat: Die Psychoanalyse ist in Deutschland erhalten geblieben...!" In der weiteren Darstellung der Ergebnisse nach 1945 kommt die Haltung Baumeyers noch deutlicher zum Vorschein: „1946 wurde nicht eine neue DPG gegründet, sondern die alte DPG (die alten Mitglieder und der alte Vorstand) nahmen ihre Tätigkeit wieder auf" (Baumeyer, 1971, S. 205 und 234). Daß die alten Mitglieder und der alte Vorstand in der

12 Es soll hier erwähnt werden, daß die holländische und Londoner Vereinigung (darunter viele Emigranten) bei der Ausbildung von Analytikern in Deutschland (speziell der Heidelberger Gruppe um A. Mitscherlich) einen bedeutenden Anteil daran hatten.

Zwischenzeit über die ganze Welt verstreut waren, scheint ihm nicht weiter erwähnenswert.

Mit der 1950 erfolgten Trennung der DPV von der DPG sollte der Eindruck entstehen, mit den Ereignissen in der Nazizeit nichts zu tun gehabt zu haben. Die Gründungsmitglieder der DPV waren freilich ebenso am Göring-Institut tätig wie die DPG-Mitglieder. Die Verleugnung in manchen Darstellungen geht sogar soweit, die Psychoanalyse in der Nazizeit für tot zu erklären um nicht sehen zu müssen, wie sehr sie sich in den Dienst der herrschenden Ideologie gestellt hatte. Im Göring-Institut hing Freuds Bild gegenüber Hitlers Porträt und wurde schließlich 1938 endgültig entfernt (Cocks 1975, S. 155).

In den nachträglichen Rechtfertigungsversuchen ging es nicht um Klarstellung, sondern darum, eigene Schuldgefühle und fremdes Mißtrauen aus der Welt zu schaffen; man hatte nichts zu bedauern und nichts in Frage zu stellen. Es ging um den Wiederaufbau der DPV, als handele es sich um die Stunde Null. Das Wiederaufleben der Psychoanalyse in Deutschland nach 1945 wäre vielleicht anders mit weniger Schuldgefühlen erfolgt, wenn es nicht zum Ausschluß der jüdischen Mitglieder gekommen wäre, wenn sich die „arischen“ Analytiker nicht in den Dienst der Nationalsozialisten am Göring-Institut gestellt hätten. In der Mythenbildung um diese Periode wird unterschlagen, daß es auch andere Möglichkeiten des Handelns gab.

In Österreich wurde bereits 1947 zwischen Anna Freud und Aichhorn der Kontakt wieder aufgenommen. Nach Wien kamen kaum emigrierte Analytiker zurück, es war eher so, daß Analytiker Wien verließen.

Solms führt dies in seiner Arbeit auf die allgemein schwierige politische Situation in Österreich nach 1945 zurück, wobei er besonders die Besatzung durch die Alliierten hervorhebt.

Gerade in Wien sei der Einfluß der Sowjets sehr stark spürbar gewesen (Solms-Rödelheim 1976 S. 1180–1191).

Wir sind nicht sicher, ob nicht auch andere Faktoren dafür ausschlaggebend waren. Von seiten der emigrierten Analytiker herrschte ein nicht immer begründetes Mißtrauen gegenüber den in Wien gebliebenen „arischen“ Kollegen, das – zumeist unausgesprochen – die Situation noch komplizierte.

Es ging in Österreich nach der Befreiung nicht nur um eine schwierige politische Situation. Die Juden die vorher vertrieben worden waren, waren auch nicht recht erwünscht. In keinem gesellschaftlichen Bereich wurden Juden zur Rückkehr nach Österreich eingeladen.

Alle politischen Parteien waren im gesamten öffentlichen Leben darum bemüht, das Geschehene vergessen zu machen. Was Mitscherlich für die Bundesrepublik als „manische Abwehr durch Ungeschehenmachen im Wirtschaftswunder" bezeichnete, gilt auch für Österreich. In Österreich kam der Mythos, der noch heute gepflegt wird, hinzu, daß das Land von den Deutschen überfallen wurde.

IIb

Die Forderung, die A. und M. Mitscherlich in ihren Arbeiten über die Bewältigung des Nationalsozialismus gesamtgesellschaftlich aufstellen, nämlich „Erinnern, Wiederholen, Durcharbeiten", ist gleichermaßen für die Psychoanalyse zu erheben. Bei der Beschäftigung mit der Geschichte der Psychoanalyse stößt man sehr bald auf einen gesellschaftlichen tabuierten Bereich. Im „Wirtschaftswunder" wurden die Mauern aufgebaut, die den Blick auf die eigene Vergangenheit verstellen halfen. A. und M. Mitscherlich zeigen in ihrer Arbeit „Die Unfähigkeit zu trauern" die sozialpsychologisch wirksamen Abwehrmechanismen auf, die sich – so meinen wir – auch in psychoanalytischen Institutionen ausbreiten konnten und damit die Auseinandersetzung mit der eigenen Geschichte verhinderten. Gleichzeitig erscheint der psychoanalytische Beitrag zur Sozialpsychologie der jüngsten Vergangenheit und ihrer Verarbeitung heute als ebenso unerwünscht wie die Libidotheorie zu Anfang des Jahrhunderts.

Analytische Vorurteilslosigkeit erweist sich unter diesen Bedingungen als Illusion. Unter das Tabu fällt nicht nur der Nationalsozialismus, es wird auf Juden und Judentum ausgedehnt. Peinlichkeit und Scham tauchen auf, wenn es nur darum geht, das Wort Jude auszusprechen. Gleichzeitig entsteht bei vielen Kollegen mit dem Eintritt in die Vereinigung die Phantasie, in eine geschlossene jüdische Gesellschaft einzutreten, der sie sich nicht zugehörig fühlen. Diese Phantasie kann im Dienst der Verleugnung der heutigen österreichischen und deutschen Realität stehen: nicht wahrhaben zu wollen, daß es in der WPV und DPV kaum noch Juden gibt. Fast ist es so, als ob der eigentliche Zugang zur Psychoanalyse über das Judentum und nicht über das Erkenntnisinteresse erfolgen müßte.

Die Vorstellung von der Psychoanalyse als einer „jüdischen Wissenschaft" scheint uns einer Idealisierung zu dienen. Sie äußert sich in einer Mystifikation jüdischen Denkens und jüdischen Geistes und kann nicht zuletzt als Reaktionsbildung auf aggressive Strebungen verstanden werden.

Die Überhöhung derer sich Juden bedienen, wenn es um Kulturleistungen und wissenschaftliche Errungenschaften geht, steht im Zusammenhang mit Schamgefühlen. Jüdischer Stolz und jüdische Scham sind nur zu verstehen im Spannungsfeld von jahrhundertelanger Verfolgung einer Minorität und der sehr kurzen Geschichte ihrer bürgerlichen Rechte.[13]

In den Anfängen der Psychoanalyse waren bei ihren Gegnern antisemitische Töne nicht zu überhören. Die Psychoanalyse als „jüdische Wissenschaft" ist keine Erfindung der Antisemiten, der Jude Freud war eine Realität, was er in seiner „Selbstdarstellung" klar zum Ausdruck brachte:

> „Die Universität, die ich 1873 bezog, brachte mir zunächst einige fühlbare Enttäuschungen. Vor allem traf mich die Zumutung, daß ich mich als minderwertig und nicht volkszugehörig fühlen sollte, weil ich Jude war. Das erstere lehnte ich mit Entschiedenheit ab. Ich habe nie begriffen, warum ich meine Abkunft, oder wie man zu sagen begann:

13 Als Illustration des jüdischen Stolzes mögen folgende Witze dienen: Ein Jude sitzt neben einem fremden Herrn im Varieté. Ein berühmter Vortragskünstler tritt auf. Der Jude dreht sich zu seinem Nachbarn und flüstert: „Einer von unsere Leut!" Bei der bekannten Sängerin tippt er den Herrn an und meint voller Stolz: „Auch von unsere Leut." Ein Tänzer kommt auf die Bühne: „Auch von unsere Leut!" „Oh Jesus!", stöhnt der Nachbar. Bestätigend darauf der Jude: „Auch von unsere Leut!" – In der Klasse sollen die Schüler berühmte Wissenschaftlicher nennen. Klaus: „Einstein!" Werner: „R. Koch!" Jochen: „S. Freud!" Moischele: „Herr Lehrer, darf es auch ein Nichtjude sein?"

Rasse, schämen sollte. Auf die mir verweigerte Volksgemeinschaft verzichtete ich ohne viel Bedauern. Ich meinte, daß sich für einen eifrigen Mitarbeiter ein Plätzchen innerhalb des Rahmens des Menschentums auch ohne solche Einreihung finden müsse. Aber eine für später wichtige Folge dieser ersten Eindrücke, von der Universität war, daß ich so frühzeitig mit dem Lose vertraut wurde, in der Opposition zu stehen und von der ‚kompakten Majorität' in Bann getan zu werden. Eine gewisse Unabhängigkeit des Urteils wurde so vorbereitet" (Freud, 1925a, S. 34 f.)

In „Die Wiederstände gegen die Psychoanalyse" heißt es weiter:

„Endlich darf der Autor in aller Zurückhaltung die Frage aufwerfen, ob nicht seine eigene Persönlichkeit als Jude, der sein Judentum nie verbergen wollte, an der Antipathie der Umwelt gegen die Psychoanalyse Anteil gehabt hat. Ein Argument dieser Art ist nur selten laut geäußert worden, wir sind leider argwöhnisch geworden, daß wir nicht umhin können, zu vermuten, der Umstand sei nicht ganz ohne Wirkung geblieben. Es ist vielleicht auch kein bloßer Zufall, daß der erste Vertreter der Psychoanalyse ein Jude war. Um sich zu ihr zu bekennen, brauchte es ein ziemliches Maß von Bereitwilligkeit, das Schicksal der Vereinsamung in der Opposition auf sich zu nehemen, ein Schicksal, das dem Juden vertrauter ist als einem anderen" (Freud, 1925b, S. 110).

Über sein Verhältnis zum Judentum schreibt Freud:

„Was mich ans Judentum band, war – ich bin schuldig, es zu bekennen – nicht der Glaube, auch nicht der nationale Stolz, denn ich war immer ein Ungläubiger, bin ohne Religion erzogen worden, wenn auch nicht ohne Respekt vor den ‚ethisch' genannten Forderungen der menschlichen Kultur. Ein nationales Hochgefühl habe ich, wenn ich dazu neigte, zu unterdrücken mich bemüht, als unheilvoll und ungerecht, erschreckt durch die warnenden Beispiele der Völker, unter denen wir Juden leben...

Aber es blieb genug anderes übrig, was die Anziehung des Judentums und der Juden unwiderstehlich machte, viele dunkle Gefühlsmächte, um so gewaltiger, je weniger sie sich in Worte erfassen ließen, ebenso wie die klare Bewußtheit der inneren Identität, die Heimlichkeit der gleichen seelischen Konstruktion. Und dazu kam bald die Einsicht, daß ich nur meiner jüdischen Natur die zwei Eigenschaften verdankte, die mir auf meinem schwierigen Lebensweg unerläßlich geworden waren. Weil ich Jude war, fand ich mich frei von vielen Vorurteilen, die andere im Gebrauch ihres Intellekts beschränkten, als Jude war ich dafür vorbereitet, in die Opposition zu gehen und auf das Einvernehmen mit der „kompakten Majorität" zu verzichten" (Freud 1926, S. 51 f.)

Dies entspricht dem, was I. Deutscher nicht nur über Freud, sondern ebenso über Spinoza, Heine oder Marx sagt. Sie alle haben die Grenzen des Judentums gesprengt,

„... sie waren apriori außergewöhnlich insofern, als sie, die Juden, an der Grenze zwischen unterschiedlichen Zivilisationen, Religionen und nationalen Kulturen gelebt haben und an der Grenze zwischen unterschiedlichen Epochen geboren und aufgewachsen sind. Ihr Denken reifte dort heran, wo die verschiedenartigsten kulturellen Einflüsse sich kreuzten und wechselseitig befruchteten... Jeder von ihnen gehörte zur Gesellschaft und doch wieder nicht, war ein Teil von ihr und doch wieder nicht. Dieser Zustand hat sie befähigt, sich in ihrem Denken über die Gesellschaft, über ihre Nation, über ihre Zeit und Generation zu erheben, neue Horizonte geistig zu erschließen und weit in die Zukunft vorzustoßen" (Deutscher, 1968, S. 8 f.).

Die Ausgrenzung, die für die analytische Identität von Bedeutung ist, ist nicht eine gleichsam angeborene, sondern eine, die Freud, aber auch Deutscher hervorhebt, an der Grenze zwischen den Kulturen stehend, aber im Sinne einer Wahl, nicht zur Gesellschaft gehörend und doch ein Teil von ihr zu sein. Judentum an sich, leidvolle eigene Erfahrungen, oder die der Eltern, können nicht die Garantie für Erkenntnisinteresse und Wahrhaftigkeit sein. Wenn die Angst vor Ausgrenzung und Diskriminierung, die persönlichen geschichtlichen Erfahrungen nicht durchgearbeitet sind, spielt auch bei Juden Angst, Scham und Verleugnung eine ganz wesentliche Rolle. Sehr oft wird die „Überlebensschuld" der Opfer zitiert, aber, wie uns scheint, ohne daß die nötigen Aspekte, die abgewehrt werden müssen, beleuchtet werden. Der Begriff der „Überlebensschuld" kann sehr leicht zu simplifizierenden Gleichsetzungen führen und erfreut sich bei Emigranten und auch deutschen Analytikern großer Beliebtheit. Das Phänomen der Überlebensschuld findet man tatsächlich sehr häufig bei ehemaligen KZ-Insassen. Die Frage: „Wie kann ich leben, wenn die wertvollsten und besten Menschen umkamen?" taucht immer wieder auf. Aber welches Maß an Scham und Entwürdigung bedeutet es, die Ermordnung von Kindern und Eltern hilflos ertragen und überleben zu müssen? Der Begriff der „Identifikation mit dem Aggressor" hinsichtlich der KZ-Erfahrung scheint uns ebenso fragwürdig. Zunächst wird zwischen den verschiedenen Typen von KZ nicht differenziert. Aber für das Überleben in einem Vernichtungslager waren andere Überlebensstrategien notwendig als in einem „normalen" KZ. In Vernichtungslagern war nach der anfänglichen Verleugnung, die sehr bald angesichts der schrecklichen Wirklichkeit zusammenbrechen mußte, das Überwinden der nachfolgenden Regression von besonderer Bedeutung. Diese Regression konnte entweder zum „Muselman" führen, was den sicheren Tod bedeutete, oder ihren

Ausweg darin finden, durch Anpassung an die tödliche Realität Strukturen zu internalisieren, die Überlebensstrategien ermöglichten und wie Fremdkörper in zerstörte Persönlichkeitsbereiche eindrangen.

Diese internalisierten Anteile der KZ-Welt waren allen Strukturen der „normalen" Welt entgegengesetzt, und nach der Befreiung, bei der Rückkehr in die „Normalität" scheint das Aufgeben dieser Anteile deshalb unmöglich zu sein, weil es mit der Realisierung des Ausmaßes der Vernichtung einhergehen müßte. Sie bleiben zerstörerisch in den bereits zerstörten Persönlichkeitsanteilen wirksam. Die Trauer scheint endlos. Es war nicht nur die industrielle Massenvernichtung von Menschen – die heute verschleiernd Holocaust genannt wird –, es war die Vernichtung eines Volkes und seiner Welt mit allen Ausdrucksformen seiner Kultur, von der kaum archäologische Spuren zurückblieben. Offen bleibt, ob die kritiklose Anwendung des Begriffs der „Identifikation mit dem Aggressor" für alle ehemaligen KZ-Insassen nicht eher mit den Gefühlen der Therapeuten angesichts des Ausmaßes der Vernichtung zu tun hat als mit denen der Patienten. Grubrich-Simitis betont in erster Linie Gegenübertragungsgefühle, die die Arbeit mit solchen Patienten stören können. Sie stehen in Zusammenhang mit der Abwehr narzißtischer Ängste, sich mit dem Opfer zu identifizieren, und führen zu einer Einfühlungsverweigerung. Geht es aber dabei nicht um die Schuldgefühle des Analytikers, die aus seiner eigenen historischen Position herrühren und mit Hilfe dieser Einfühlungsverweigerung abgewehrt werden müssen? Sind es nicht Schuld und Scham, die es ihm unmöglich machen, die Geschichte des Patienten erstmals als eine historische Realität zu sehen, um schließlich erarbeiten zu können, wie weit diese Realität vielleicht auch als Abwehr im psychoanalytischen Prozeß benützt wird?

Die Angst vor Ausgrenzung spielt bei Juden, die nach dem Krieg geboren wurden, eine bedeutende Rolle. Auch für diese sogenannte zweite Generation wird sehr häufig die „Identifikation mit dem Aggressor" bemüht, wobei dann noch der Versuch unternommen wird, politische und soziale Phänomene des heutigen Staates Israel damit zu erklären. Daß hinter dieser „Identifikation" ein unglaubliches Maß an Bedrohung und Angst steht, sich mit dem Opfer zu identifizieren, mit jenen Anteilen der Eltern, die Entwürdigung, Entmenschlichung und Trauer repräsentieren, tritt nur allzu oft in den Hintergrund. Wenn es nicht gelingt, diese Anteile in den Lehranalysen zu bearbeiten, weil Gegenübertragungsgefühle der Lehranalytiker das nicht zulassen, bleiben die Ängste, aber auch die Schwierigkeit, einen realen Bezug zur Wirklichkeit herzustellen, bestehen. Statt dessen wird das eigene Leben zu einem Monument der Erinnerung an die Vergasten und die Leiden der Eltern.

Allzu oft scheint es in Analysen mit solchen Patienten dem Therapeuten darum zu gehen, unbewußte Phantasien oder verdrängte Triebkonflikte zu benützen, um die schreckliche historische Wirklichkeit nicht wahrnehmen zu müssen. Erst nachdem das Ausmaß des Grauens auf der Realitätsebene rekonstruierbar wird, kann festgestellt werden, inwiefern diese Realität auch der Abwehr unbewußter Strebungen und Konflikte dient. Wenn jüdische Analytiker die eigene Wirklichkeit nicht wahrnehmen und bearbeiten konnten, können sie für die Realität deutschen Leidens nicht offen sein.

IIc

Für Deutsche und Österreicher ist die Grenze zwischen phantasierter und realer Schuld schwer zu ziehen. In der jeweils staatlich sanktionierten Darstellung deutscher Geschichte von „Dolchstoßlegende“ bis „Volk ohne Raum“, vom „Zusammenbruch“ bis zur „Besatzung“ durch die Alliierten bleibt Deutschland das Opfer. Ebenso sollen „Wiederaufbau“ und „Stunde Null“ die eigene Geschichte voll Aggression, Verbrechen und Schuld auslöschen. Zurück kehren die ichschwachen, autoritätshörigen, hilflosen Väter. Im phantasierten Kriegsverbrecher jedoch kann die idealisierte Allmacht und Größe verborgen bleiben. Die Schuldängste, die diese unbewußten Omnipotenzphantasien begleiten, können durch Identifikation mit dem Opfer abgewehrt werden. Parolen, die jüngst in Frankfurt im Verlauf der Auseinandersetzungen um die Startbahn West auftauchten, scheinen uns paradigmatisch: „Wir sind die Juden von heute. Die Juden wurden in Gaskammern vergast, wir auf der Straße". In dem Gefühl, selber das Opfer von Nazis zu sein, nämlich der eigenen Eltern, kann man sich die Suche nach den Ich- und Überich-Anteilen ersparen, die eben die abgelehnten Anteile der Elternobjekte repräsentieren (vgl. auch Simenauer, 1980, S. 8 f.). In Gesprächen mit jüngeren Kollegen, aber auch bei der Tagung der deutschsprachigen psychoanalytischen Vereinigung in Bamberg 1980, wurde deutlich, daß in Lehranalysen die Geschichte der Eltern im Nationalsozialismus häufig nicht vorkommt. Das gesellschaftliche Tabu geht soweit, daß auch in der Analyse über diese Epoche nicht gesprochen wird, was mit unserem Anspruch auf Wahrhaftigkeit unvereinbar ist. Wenn diese Anteile auch in Lehranalysen nicht vorkommen, weil der Lehranalytiker sich in dieser Angelegenheit vielleicht befangen fühlt, es ihm peinlich und unangenehm ist oder er sich überhaupt von dieser historischen Erfahrung ausnehmen, mit ihr nichts mehr zu tun haben will, bleiben sie unverändert erhalten. Wo eigene autoritäre Strukturen, aggressive und analsadistische Anteile, Vorurteile und Ressentiments zum Vorschein kommen, werden sie voller Angst und Schuld wahrgenommen. Antisemitische Ressentiments unterlagen seit der Jahrhundertwende einem Wandel. Nach Auschwitz haben sie den unverwechselbaren Beigeschmack von Vernichtung. Das macht es vielen jüngeren Kollegen schwerer, sich mit solchen Ressentiments mit der gleichen Wahrhaftigkeit auseinanderzusetzen, wie mit Ängsten, Hemmungen und Vorurteilen, die die Sexualität betreffen. Man kann sogar annehmen, daß der Beruf des Analytikers als eine Art „Deckidentität" benutzt wird, wenn Schuld und Scham über die eigene Geschichte unbearbeitet bleiben, aber auch dazu, dem Konflikt mit den Anteilen der Elternimagines zu entgehen, die abgelehnt werden und in Zusammenhang mit dem Naziregime stehen. Die Idealisierung Freuds, des Judentums und schließlich des Berufs des Analytikers kann man als Abwehr dieser Anteile interpretieren. Wie Heine den Taufzettel als Entrée-Billet zur europäischen Kultur erlebte, so können umgekehrt für Analytiker die Initiationsriten in den Instituten als Aufnahme in die internationale menschliche Gesellschaft erlebt werden. Wenn psychoanalytische Identität in erster Linie durch

Abgrenzung von den Nazieltern[14] bestimmt ist, muß das Erkenntnisinteresse in den Hintergrund treten. Konformismus und Anpassung werden vorherrschend, um diese Deckidentität vor Konflikten zu schützen.

IId

Solche „blinden Flecken" in ganz wesentlichen Persönlichkeitsbereichen, die in engem Zusammenhang mit gesellschaftlicher Anpassung stehen, müssen einer Entwicklung hinderlich sein, die Psychoanalyse zu einer unabhängigen Wissenschaft vom Seelenleben zu machen und eine lebendige , kreative Auseinandersetzung zu ermöglichen.

Die heutige Verschulung und Anpassung der Psychoanalyse an medizinisch-akademische Normen scheint uns durch die historische Erfahrung der Psychoanalyse im Nationalsozialismus in Deutschland und Österreich determiniert zu sein. Die „Rettung" der Psychoanalyse vollzog sich unter größtmöglicher Anpassung und Unterwerfung unter die gesellschaftlichen Forderungen des Nazisystems. Sie wurde als eine Therapieform unter vielen in eine staatliche Institution eingegliedert und durfte dabei nicht einmal ihren Namen behalten. Zu vermuten ist, daß dieser historische Hintergrund in seiner unbewußten Wirksamkeit die gegenwärtige Praxis von Analytikern bestimmt, die in ausgesprochen analysefeindlichen Institutionen tätig sind und dabei die Psychoanalyse problemlos handhaben „... wie eine Brille, die man beim Lesen aufsetzt und fürs Spazierengehen ablegt ... Die Psychotherapeuten, die sich gelegentlich auch der Analyse bedienen, stehen nach meiner Kenntnis nicht auf sicherem analytischen Boden" (Freud, 1932, S. 164). Die Versuche, Antagonismen zu eliminieren, kann man in der psychoanalytischen Theoriebildung wiederfinden, wenn Anpassung an gesellschaftliche Normen und Bedürfnisse sich insgeheim Eingang verschafft.

Das analytische Bild richtigen Lebens hat sich immer stärker an der Harmonie der Instanzen (Es-Ich-Überich) orientiert. Mit dem Weglas-

14 Wir vermuten, daß – unabhängig davon, welche Haltung die Eltern während der Zeit des Nationalsozialismus eingenommen haben – allein schon die Tatsache, ein Deutscher zu sein, angesichts der Vergangenheit zu Konflikten führt.

sen von Trieb- und Strukturtheorie geht es schließlich nur noch um Balance und Harmonie. Die Psychoanalyse verliert so immer mehr ihren aufklärerischen Inhalt, die „Psychotherapie trat ihr Erbe an“ (Adorno, 1955, S. 103). „Die Größe Freuds besteht, wie die aller radikalen bürgerlichen Denker darin, daß er solche Widersprüche unaufgelöst stehen läßt und es verschmäht, systematische Harmonie zu prätendieren, wo die Sache selber, in sich, zerrissen ist“ (Adorno, 1952, S. 111).

Die Entwicklung der Psychoanalyse in den USA läßt sich von den Ereignissen in Europa nicht loslösen, wo durch die Naziherrschaft eine eigenständige Entwicklung und Auseinandersetzung unterbrochen wurde. Die Verbindung zwischen Emigration und Verfolgung herzustellen, ist offenbar zu bedrohlich. Die oft beklagte „Amerikanisierung der Psychoanalyse“ kann beitragen, diesen Aspekt zu verdecken.[15]

Wir glauben zeigen zu können, daß Analytiker dem Anpassungsdruck der „kompakten Majorität“ auch nach dem Krieg, wo es nicht mehr um persönliche Bedrohung, sondern um handfeste soziale Vorteile ging, nicht standhalten konnten. Juden und Nichtjuden waren in unterschiedlicher Weise am gesellschaftlichen Prozeß der Verleugnung beteiligt. Psychoanalytische Identität stand gerade in den Anfängen der Psychoanalyse in Widerspruch zu gesellschaftlichen Normen und Wertvorstellungen. Mit dem Bemühen um gesellschaftliche Anerkennung mußte die kulturkritische Dimension der Psychoanalyse weitgehend verlorengehen. Das Erkenntnisinteresse verengte sich, der Anpassung an medizinisch-akademische Normen zuliebe, immer stärker. Die Schaffung eines staatlich sanktionierten Titels wie „Facharzt für Psy-

15 Hervorragende Analytiker wie Reik konnten in den USA ihre Tätigkeit nicht oder nur unter erschwerten Bedingungen fortsetzen. Sich auf seinen Briefwechsel mit Freud 1938 beziehend, schreibt er: „Nachdem mir klargeworden war, daß ich nicht mehr länger in Holland bleiben konnte, wenn ich nicht den Nazis in die Hände fallen wollte, emigrierte ich im Juni 38 in die Vereinigten Staaten. Die meisten Mitglieder der New York Psychoanalytic Society behandelten mich sehr von oben herab. Man ersuchte mich ernsthaft, nicht psychoanalytisch tätig zu werden, was einem Praxisverbot gleikam.“ Freud antwortete ihm: „... Sie mußten ja wissen, wie liebenswürdig unsere Kollegen dort Laienanalytiker aufnehmen, da für sie die Analyse nichts anderes ist als eine der Dienstmägde der Psychiatrie“ (Reik, 1956, S. 119).

choanalyse“ entspricht dieser Tendenz. Bürokratisch-hierarchische Strukturen der Ausbildungsinstitute, Verschulung und fehlende Kreativität gehören dazu. Konformismus der Psychoanalyse nach außen und Konformismus in den Instituten verbergen sich oft unter dem Deckmantel der Orthodoxie und eines idealisierten Freud-Bildes. Es mag vielen Kollegen unanalytisch erscheinen, auf die politischen und historischen Bedingungen von Phänomenen, denen wir an unseren Ausbildungsinstituten und in unserer klinischen Arbeit begegnen, so ausführlich einzugehen. Was die Rekonstruktionsarbeit für die Identitätsfindung unserer Patienten bedeutet, muß im gleichen Maße für Psychoanalytiker in ihren Institutionen, in ihrer klinischen Arbeit und in der Theorie gelten. Die bewußte Verarbeitung des realen Traumas, das der Nationalsozialismus in der Geschichte der psychoanalytischen Bewegung darstellt, ist Voraussetzung für die Weiterentwicklung unserer Wissenschaft. Die Forderung nach Wahrhaftigkeit kann vor der Identität des Analytikers nicht Halt machen.

Summary

Psychoanalysis and national socialism. – German psychoanalysis who did not emigrate entered into dubious accommodations with Nazism and its psychotherapeutic institutions between 1933 and 1945. The authors assert that because this facts has not been adequately explored, the past which has not been mastered remains as a trauma for comtemporary German psychoanalysis and gravely impedes its radical strictings toward truth and knowledge.

Literatur

Adorno, T. W. (1952): Die revidierte Psychoanalyse. In: M. Horkheimer und T. W. Adorno: Sociologica II. Frankfurter Beiträge zur Soziologie. Frankfurt/M. (Europ. Verlagsanstalt) 1962.

– (1955): Zum Verhältnis von Soziologie und Psychologie. In: Gesellschaftstheorie und Kulturkritik. Frankfurt/M. (Suhrkamp) 1975, 95–135.

Arendt, H. (1964): Eichmann in Jerusalem. Ein Bericht von der Banalität des Bösen. Reinbek (Rowohlt) 1978.

Baumeyer, Fr. (1971): Zur Geschichte der Psychoanalyse in Deutschland. 60 Jahre DPG. Zs. f. psychosom. Med. und Psa. 17, 203–240.

Beese, F. (1979): Psychoanalyse-Neopsychoanalyse. Vorlesung im Fachbereich II der Stuttgarter Akademie für Tiefenpsychotherapie und Analytische Psychotherapie.

Bettelheim, B. (1960): Aufstand gegen die Masse. München (Szcesny) 1964.

– (1979): Erziehung zum Überleben. Stuttgart (DVA) 1980.

Boehm, F. (1933): Bericht der Deutschen Psychoanalytischen Gesellschaft. Int. Zs. f. Psychoanalyse, 19, 637–638.

– (1951): Bericht über die Ereignisse von 1933 bis zum Amsterdamer Kongreß. In: DPG gegr. 1910. Dokumente zur Geschichte der Psychoanalyse in Deutschland 1933–1951, 1–16.

Borneman, E. (1981): Sigmund Freud und sein Heimatland. Frankfurter Hefte 11/1981.

Brecht, K., und M. Krüger-Zeul (1980): Chronik eines Vergessens – Daten zur Geschichte des Bamberger Tagungsthemas. PsA-Info-Nr. 15. 1980, 1–3.

Clark, R. W. (1979): Sigmund Freud. Frankfurt/M. (S. Fischer) 1981.

Cocks, G. (1975): Psyche und Swastika. „Neue Deutsche Seelenheilkunde" 1933–1945. Diss. Los Angeles. Univ.

Dahmer, H. (1973): Libido und Gesellschaft. Frankfurt/M. (Suhrkamp).

– (1979): „Holocaust" und die Amnesie, Psyche, 33, 1039–1045.

Deutscher, I. (1968): Die ungelöste Judenfrage. Berlin (Rotbuch) 1977.

Dräger, K. (1971): Bemerkungen zu den Zeitumständen und zum Schicksal der Psychoanalyse und der Psychotherapie in Deutschland zwischen 1933 und 1949. Psyche, 25, 255–268.

Eissler, K. R. (1963): Die Ermordung von wievielen seiner Kinder muß ein Mensch symptomfrei ertragen können, um eine normale Konstitution zu haben? Psyche, 17, 241–291.

Eitingon, M. (1933a): Eröffnungsrede auf dem XII. IPK in Wiesbaden. Int. Zs. f. Psychoanalyse, 19, Korrespondenzblatt, 239–242.

– (1933b): Geschäftsbericht auf dem XII. IPK. Int. Zs. f. Psychoanalyse, 19, Korespondenzblatt, 257–263.

Englert, E. H. (1979): Psychoanalytiker sein – einst und heute. In: Die Verarmung der Psyche. Frankfurt/M. (Campus), 27–46.

Epstein, H. (1979): Children of the Holocaust. New York (Putnam).

Freud, A. (1969): Schwierigkeiten der Psychoanalyse in Vergangenheit und Gegenwart. Frankfurt/M. (S. Fischer) 1972.

Freud, E., L. Freud, I. Grubrich-Simitis, K. R. Eissler (1976): Sigmund Freud. Sein Leben in Bildern und Texten. Frankfurt/M. (Suhrkamp).

Freud, S. (1925a): Selbstdarstellung, GW XIV, 31–96.
– (1925b): Die Widerstände gegen die Psychoanalyse. GW XIV, 97–110.
– (1926): Ansprache an die Mitglieder des Vereins B'nai B'Rith. GW XVII, 49–53.
– (1932): Neue Folge der Vorlesung zur Einführung in die Psychoanalyse. GW XV.
– (1930): Vorwort von S. Freud. In: 10 Jahre BPI. Meisenheim (Hain) 1970.
– (1968a): Briefe 1873–1939. Frankfurt/M. (S. Fischer) 1980.
– und A. Zweig (1968b): Briefwechsel, Frankfurt/M. (S. Fischer) 1980.
Göring, M. H. (1936/37): Weltanschauung und Psychotherapie. Auszug aus einem Vortrag, gehalten auf der 1. Mitgliedervers. des Deutschen Instituts für Psychologische Forschung und Psychotherapie. Zentralbl. f. Psychotherapie, 290–296.
Gumbel, E. (1966): Die Psychoanalyse in Isreal. Psyche, 20, 67–73.
Hermann, J. (1946): Report of the Hungarian Psycho-Analytical Society. Int. J. Psycho-Anal., 27, 87–92.
Hollós, I. (1974): Brief eines Entronnenen. Psyche, 28, 266–268.
Huber, W. (1977): Psychoanalyse in Österreich seit 1933. Salzburg/Wien (Geyer).
Jones, E. (1934): Eröffnungsrede und Geschäftsbericht auf dem XII. I.P.K. in Luzern. Int. Zs. f. Psychoanalyse, 21, Korrespondenzblatt 112–115, 132–135 und 139.
– (1938): Eröffnungsansprache auf dem XV. I.P.K. in Paris. Int. Zs. f. Psychoanalyse, 24, Korrespondenzblatt, 361–363.
– (1957): Das Leben und Werk von Sigmund Freud. Bd. III. Bern/Stuttgart/Wien (Huber) 1962.
Jung, C. G. (1934): Zur gegenwärtigen Lage der Psychotherapie. Zentralbl. f. Psychotherapie, 7, 1–16.
Kemper, W. W. (1973): In: L. J. Pongratz (Hg.): Psychotherapie in Selbstdarstellung. Bern/Stuttgart/Wien (Huber), 259–345.
Langer, M. (1971): Psychoanalyse in wessen Dienst? Neues Forum, Sept./Okt. 1971, 39–42.
Krüll, M. (1979): Freud und sein Vater. München (Beck).
Maetze, G. (1971): Psychoanalyse in Berlin von 1950–1970. In: Psychoanalyse in Berlin. 50 Jahre-Gedenkfeier des BPI (Hain), 50–75.
– (1976): Psychoanalyse in Deutschland. In: Die Psychologie des XX. Jahrhunderts. Zürich (Kindler), 1145–1179.
Mitscherlich, A. (1970): Versuch, die Welt besser zu verstehen. Frankfurt/M. (Suhrkamp) 1975.
– und M. Mitscherlich (1967): Die Unfähigkeit zu trauern. München (Piper).
Mitscherlich-Nielsen, M. (1979): Die Notwendigkeit zu trauern. Psyche, 33, 981–990.
Müller-Braunschweig, C. (1933): Psychoanalyse und Weltanschauung. Reichswart, 22.10.1933.
– (1948): Skizze der Geschichte der „Deutschen Psychoanalytischen Gesellschaft" von 1936–1947. (Bericht des Vorsitzenden auf der Generalversammlung vom 17.April 1948.) In: Dokumente zur Geschichte der Psychoanalyse in Deutschland 1933–1951, 17–35.
Niederland, W. G. (1980): Folgen der Verfolgung. Frankfurt/M. (Suhrkamp).
Nunberg, H., und E. Federn (1981): Protokolle der Wiener Psychoanalytischen Vereinigung. Bd. IV. Frankfurt/M. (S. Fischer).
Parin, P. (1978): Warum Psychoanalytiker so ungern zu brennenden Zeitproblemen Stellung nehmen. Psyche, 32, 385–399.

Reik, T. (1956): Dreißig Jahre mit Sigmund Freud. München (Kindler) 1976.
Reich, W. (1934): Zeitschrift für politische Psychologie und Sexualökonomie, Bd. 1, Heft 1. Hrsg. von E. Parell (Pseud. f. W. Reich). Kopenhagen (Verl. f. Sex. pol.).
Rosenkranz, H. (1978): Verfolgung und Selbstbehauptung. Juden in Österreich. Wien (Herold).
Rosenkötter, L. (1979): Schatten der Zeitgeschichte auf psychoanalytischen Behandlungen. Psyche, 33, 1024–1038.
Schur, M. (1972): Sigmund Freud. Leben und Sterben. Frankfurt/M. (Suhrkamp) 1973.
Simenauer, E. (1980): Die zweite Generation – danach. Die Wiederkehr der Verfolgermentalität in Psychoanalysen. In: „Die Wiederkehr von Krieg und Verfolgung in Psychoanalysen". Broschüre zur Arbeitstagung der Mitteleuropäischen Psychoanalytischen Vereinigung in Bamberg vom 30.3.–3.4.1980, 1–10.
Solms-Rödelheim, W. (1976): Psychoanalyse in Österreich. In: Die Psychologie des XX. Jahrhunderts. Zürich (Kindler), 1180–1191.
van der Sterren, H. A.: (1946): Report of the Dutch Psycho-Analytical Society. Int. J. Psycho-Anal., 27, 83–86.
Vegh, C. (1981): Ich habe Ihnen nicht auf Wiedersehen gesagt. Köln (Kiepenheuer u. Witsch).
de Wind, E. (1968): Begegnung mit dem Tod. Psyche, 22, 42–441.
Zapp. G. (1980): Psychoanalyse und Nationalsozialismus. Diss. Kiel (unveröff.).

Dr. Elisabeth Brainin, Händelgasse 1/4/42, A 1170 Wien
Isidor J. Kaminer, Melemstr. 7, D 6000 Frankfurt 1

Das Traumagefüge bei einem symbiotisch fixierten Patienten

von Karl Purzner

1 Einleitung

Ich möchte an Hand dieser Falldarstellung zeigen, wie konstitutionelle und akzidentelle Einflüsse – besonders die Familienkonstellation und mehrere Traumata – die Bewältigung einer bestimmten Entwicklungsaufgabe, nämlich der Ablösung von der Mutter, also der Individuation und Separation, bei dem beschriebenen Patienten beeinträchtigen. Dazu versuche ich zunächst die symbiotische Fixierung desselben sowie die daraus folgende Störung der persönlichen und geschlechtlichen Identität mit Details aus der Behandlung zu belegen (2.). Sodann gehe ich den Entstehungsbedingungen für die symbiotische Fixierung und Identitätsstörung nach und beschreibe hier neben konstitutionellen Momenten die Familienkonstellation und drei Traumata des Patienten (3.). Letztere scheinen neben den familiären Einflüssen das Verharren des Patienten in der Symbiose wesentlich mitbedingt zu haben. Eine zentrale Deckerinnerung vom Beginn der Latenzzeit illustriert den Zusammenhang zwischen den beschriebenen Traumata, die sich in der frühen Kindheit, in der Vorpubertät und im Erwachsenenalter des Patienten ereigneten. Anschließend möchte ich durch einige Streiflichter aus dem Behandlungsprozeß (4.) zeigen, wie es dem mehrfach traumatisierten und prä-ödipal fixierten Patienten im Verlauf des analytischen Prozesses zunehmend gelang, seine unabgelöste Mutterbindung zu bearbeiten und dadurch zunehmend autonomer zu werden. Abschließend soll das dargestellte Fallmaterial im Hinblick auf die eingangs erwähnte Thematik diskutiert werden (5.).

2 Die Störung des Patienten

2.1 Die Behandlungsaufnahme und der Behandlungsrahmen

Ich berichte aus einer laufenden Psychoanalyse. Der Patient stellte sich Anfang 1977 in meiner Praxis vor. Er wollte sich einer psychoanalytisch orientierten Behandlung unterziehen, weil eine unglückliche Liebesbeziehung mit einer etwa gleichaltrigen Frau zu einer, wie er es nannte, „depressiven Krise" mit diffusen körperlichen Beschwerden geführt hatte. Der Patient war ledig, im Gesundheitswesen tätig, 33 Jahre alt und einziges Kind einer polnischen Emigrantenfamilie, die nach Österreich geflüchtet war, als sich der Patient in der Vorpubertät befand. (Ich möchte schon hier erstmals anmerken, daß die Zeit nach der Flucht für den Patienten eines der krankheitsbestimmenden Traumen in seiner Lebensgeschichte bedeutete.) Ich behandle den Patienten seit 1977 dreimal pro Woche. Der Patient liegt dabei auf der Couch.

2.2 Die symbiotische Fixierung

Der Patient wirkte zu Beginn der Behandlung symbiotisch fixiert. Lebensgeschichtlich deuten die überlange, nämlich bis weit in die Volksschulzeit hinein erfolgende Verwendung von Übergangsobjekten, z. B. seinem „Mutterbären"[1], einer Stoffpuppe, die bis zum 8. Lebensjahr eine große Rolle gespielt hatte, sowie ein Erlebnis in der Volksschule darauf hin, wo er „von Rowdys und Proletarierkindern" für sein An-

1 Schon durch die Interpretationsmöglichkeit als Übergangsobjekt und durch die Namensgebung des Patienten ergeben sich Hinweise auf die symbolische Bedeutung des Bären als Mutter. Stützung dieser These kommt aber auch aus dem Bereich der Mythologie. So wurde uns der Bär als Muttersymbol durch Bachofen bekannt, der übrigens auch die Identität der Kybele mit dem Bären betont hat. Der Jungianer Neumann meint zu diesem Punkt (1974, p. 85): „Wie wir heute wissen, gehört der Bär als Muttersymbol zum archetypischen Menschheitsgut, das sich in Europa ebenso wie in Asien und Amerika nachweisen läßt". Der personale Aspekt der Symbolverwendung des Patienten wird also durch diese transpersonalen Aspekte ergänzt bzw. bestätigt.

derssein ausgelacht sich „untertänig an den Rockzipfel der Lehrerin klammerte".

In der Behandlungssituation erweckten das stete Vorhandensein der Macht-Ohmacht-, Abhängigkeits- und Selbständigkeitsproblematik in der Übertragung, ferner die enorme Frustrationsintoleranz des Patienten und schließlich seiner starke Regression zur Oralität diesen Eindruck. Dieses regressive Phänomen überraschte mich in der Übertragung. Es spielte im ersten Abschnitt der Psychoanalyse, nach etwa 70 Stunden beginnend, eine große Rolle, um späterhin im Zusammenhang mit Besetzungsverschiebungen auf den „Motorradwahnsinn" (4.2.1) merklich abzunehmen. Bevor sich der Zustand voll entwickelt hatte, war es nicht leicht, ihn zu verstehen. Der Patient erzählte schon sehr früh in der Analyse, der Raum entferne sich, dehne sich aus, und er habe das Gefühl zu schaukeln bzw. zu schweben. Er nannte den Zustand in dieser Zeit „Schwebeflucht". Damals konnte ich dieses Verhaltensmuster schwer einordnen. Später als sich nach und nach verschiedene andere Bestandteile zu einem vollständigen Bild ergänzten, ergab sich die Deutung ganz von selbst. Es handelte sich um eine Regression auf das vorsprachliche Stadium der „primären Objektliebe" (Balint 1969, p. 133–149), die oral, aber auch taktil gefärbt und von magischen Omnipotenzphantasien beeinflußt war. Der Patient sprach nämlich wiederholt von einer sehr starken „Tendenz zum Kleinsein" in die er sich „verbeiße" (79). Einige Sitzungen später (87) fügte er hinzu, er wolle „mein einziger Patient" sein, ich solle ihn „sprachlos verstehen" und er wolle durch ein „mächtiges Zauberwort" von mir erlöst werden. Gegen Ende der Sitzung tauchte damals öfter eine „Freßwut" bzw. ein „Heißhunger" auf, den er im Anschluß an die Behandlungsstunde befriedigte (89, 93). Weiter wollte der Patient „so stark wie noch nie" (110) „getröstet, gestreichelt, liebgehabt werden" (112). In dieser Zeit weckte ein Traum die Erinnerungen des Patienten an jene „pelzige Stoffpuppe", die er „als Kind unheimlich gern" hatte und wie vorhin beschrieben „Mutterbär" nannte (145). Schließlich ergänzte und vervollständigte eine Phantasie des Patienten das Bild (75): er habe „so die komische Phantasie, klein und geschrumpft an einer Brust zu saugen, d. h. an einer Brustwarze zu hängen und dabei zu schweben". Der Patient verstand diese Phantasie im Zusammenhang mit den geschilderten Inhalten der anderen Sitzungen als den Wunsch, ein Baby an der Mutterbrust sein zu wollen und berichtete bei dieser Gelegenheit von einer komplementären Einstellung seiner Mutter, die im Erleben des Patienten ihrerseits auch sehr daran interessiert war, daß er ein Baby bleibe, ein „Milchbubi", wie der Patient es nennt und wie es später im Zusammenhang mit der Gewichtszunahme nach der Vorhautoperation noch einmal erwähnt wird (3.2.2.1). Diese illusionäre Wunscherfüllung ist im Zusammenhang zu sehen mit der realen Versagung in der Übertragung durch mich, aber auch außerhalb der psychoanalytischen Situation durch Liz, seine Freundin, von der er sich übrigens im Verlauf des ersten Abschnittes seiner Analyse trennte.

2.3 Die Störung der persönlichen und geschlechtlichen Identität

Wenn sich der Patient nicht wirklich von seiner Mutter bzw. von Mutterrepräsentanten abgelöst hatte, mußte er unter Störungen der persönlichen Identität, und, da er unter solchen Umständen wohl ebenso die Phase der geschlechtlichen Identifikationsfindung nicht regelrecht durchlaufen konnte, auch unter Schwierigkeiten hinsichtlich der geschlechtlichen Identität leiden. Tatsächlich läßt sich auch beides aus dem Behandlungsverlauf belegen. Unzählige Male quälte sich der Patient mit der Frage nach seiner persönlichen Identität. „Wer bin ich, was bin ich?" oder die Umkehrung, „bin ich wer, bin ich was?", diese Fragen beschäftigten den Patienten immer wieder. An einer Stelle klagte er, es sei unfaßbar, in seinem Alter zu sein und selber keine Identität zu haben.

Seine ungeklärte geschlechtliche Identität machte sich einerseits in panischen Ängsten bemerkbar, er könnte homosexuell sein oder werden und einer dagegen gewendeten, reaktiven, d.h. defensiven, überbetonten, fassadenhaften und dadurch künstlich wirkenden, zur Schau getragenen Männlichkeit, andererseits aber in der wiederholten Aufforderung an ihn selbst und an mich, zu klären, was er denn geschlechtlich sei (448) d.h. „zur Geschlechtsfindung" (363) beizutragen. Die volkstümliche Wendung „Bin ich a Mandl oder bin ich a Weibl" spielte in seiner Analyse bisher eine große Rolle.

3 Die Entstehungsbedingungen für die symbiotische Fixierung und die Identitätsstörung des Patienten

Es stellt sich nun die Frage, welche Umstände im Sinne von Freud's Begriff der Ergänzungsreihe (Freud 1920, p. 141) bei diesem Patienten zu einer Beibehaltung der unbewußten Mutterbindung mit den beschriebenen Folgen für die persönliche und geschlechtliche Identität geführt haben könnten. Im folgenden möchte ich jene konstitutionellen und akzidentellen Faktoren anführen, die hier eine Rolle gespielt haben dürften.

3.1 Konstitutionelle Faktoren

3.1.1 Krankheiten in der Familie

Der Bruder des Vaters des Patienten, ein Arzt, litt an behandlungsbedürftigen „paranoiden Schüben", die offenbar mit religiösen Wahnvorstellungen einhergingen. Der Bruder der Mutter – ein wichtiges Identifikationsobjekt des Patienten – litt an einer psychosomatischen Krankheit und sprach übermäßig dem Alkohol zu.

3.1.2 Konstitutionelle Momente der Persönlichkeit

Obwohl es – wie Roskamp (Loch 1971, p. 114) betont – auf erhebliche Schwierigkeiten stößt, die Bedeutung dispositioneller Faktoren seitens der Triebe und des Ich's qualitativ und quantitativ abzuschätzen, möchte ich zu diesem Punkt eine Bemerkung machen. Aus der vielstündigen Arbeit mit dem Patienten gewann ich den Eindruck, daß bei der Entstehung seiner Störung die primäre Triebstärke der Oralität bzw. ihre relative Stärke im Verhältnis zu den anderen Partialtrieben ein gewichtiges Moment bildeten. Seitens des Ich hingegen könnten am ehesten eine angeborene Schwäche der synthetischen Funktion und damit zusammenhängend eine Neigung zur Ichspaltung zur Entstehung der Störung beigetragen haben.

3.2 Akzidentelle Faktoren

In diesem Abschnitt möchte ich mich auf die Dynamik der Herkunftsfamilie des Patienten und auf einige traumatische Erfahrungen beschränken, die er im Laufe seines Lebens machte.

3.2.1 Die Familiendynamik

3.2.1.1 Die dominante Mutter

Seine Mutter erlebt der Patient als typisch phallisch-kastrierende Frau. Sie sei, wie er es nennt, „schizophren", nämlich dem Kind gegenüber einerseits versuchend-verführend, dann aber die im Kind hervorgerufene Regung bekämpfend bzw. bestrafend. Im Laufe des analytischen Prozesses wurde deutlich, daß im Erleben des Patienten die Mutter diese Haltung gegenüber jeglicher Lebensäußerung einnahm, also libidinösen, aggressiven, oralen, analen, phallischen und vor allem Selbständigkeitsregungen gegenüber. „Ich war ihr totaler Besitz, ihr Ausstellungsstück. Nichts, was an mir in Richtung Männlichkeit ging, konnte sie tolerieren, gleichgültig, ob es der erste Bartwuchs war, die Frisur, die Kleidung, oder sonst eine Lebensäußerung". Diese und viele andere Äußerungen des Patienten deuten darauf hin, daß er seine Mutter als „autoritäre, übermächtige, überbeschützende" Frau erlebte, „die den Mann und seine Sexualität nicht akzeptieren kann" (Stork, 1974, p. 259).

3.2.1.2 Der schwache Vater

Den Vater sieht der Patient als „verkrachte Existenz". Er sei für ihn „keine Identifikationsfigur, weil er unter der Knute der Mutter" stehe (448). Dadurch könne er kein Vorbild im Kampf gegen die Mutterübermacht abgeben (533). In einem Traum erkennt der Patient einen gealterten Vater, dem die Hände abgeschnitten worden waren (503). Die Mutter habe ihn in einer „subtilen Dynamik der Gewalt um die Ecke kastriert". Habe sich der Vater einmal erlaubt, mit Freunden länger auszubleiben, oder dem Alkohol zuzusprechen, so habe er strafweise in der Küche auf dem Boden schlafen müssen. Sogar im religiösen Bereich, wo es einen „Glaubenskrieg zwischen väterlichen Puritanern und mütterlichen Katholiken“ gab, siegte die Mutter.

Diese „strengen Strafen der Mutter“ und deren Tendenz, dem Vater des Patienten und ihm selbst weder Eigenständigkeit noch Männlichkeit zuzugestehen, führt der Patient darauf zurück, daß die Mutter „selber ein Kind geblieben“ sei (522). Sie, das nie erwachsen gewordene „Töchterlein einer neurotischen Familie“, sie, der „Möchte-Gerne-Lady-Typ, der Väter und Großmutter für sich arbeiten ließ“ (187), heiratete einen Mann der ursprünglich zwar männlich aktiv wirkte – gehörten doch Stemmen, Kugelstoßen, Wasserball sowie Motorsport zu seinen bevorzugten sportlichen Aktivitäten – der aber offenbar durch die Dynamik der Partnerwahl und -beziehung unbewußt eine Abhängigkeitssituation zu seiner Frau herstellte und sich dabei seiner eigenen Kräfte begab. Und so blieb schließlich vom ursprünglichen Lebensstil des Vaters wenig zurück.

3.2.1.3 Unzureichende Vaterersatzfiguren

Der Vater des Patienten war, wie eben beschrieben, nicht im Stande, seinem Sohn bei der Loslösung von der Mutter dadurch eine Stütze zu sein, daß er sich als einer präsentierte, der „keinerlei Angst vor der Mutter hat, der den Auswirkungen der phantasierten Allmacht der mütterlichen Imagines entrinnen kann, der frei ist“ (Mendel 1968, p. 259). Vielmehr erschien er dem Patienten als „traurige, von der Mutter unterdrückte Figur“.

Mit einem solchen Vater wollte sich der Patient verständlicherweise nicht identifizieren und wegen dieser Identifikationsverweigerung mußte er sein Identifikationsbedürfnis auf andere Weise befriedigen. Dies geschah einerseits beim Bruder seiner Mutter, einem „superlässigen, feschen Frauenheld, der äußerlich was darstellte, dem Alkohol im Übermaß zusprach und immer mit schnellen Autos unterwegs war“. Ihn, dem er übrigens auch im Körperbau und Aussehen sehr ähnlich war, bewunderte und liebte der Patient sehr. Die Ähnlichkeit zwischen den Beiden ging übrigens soweit, daß die Mutter des Patienten die Beiden an der Stimme nicht auseinander kannte. Der „lange Arm der Mutter“ erreichte aber auch dieses Identifikationsobjekt des Patienten. Denn auch er, zu dem der Patient „eine starke Affinität empfand, wurde von der Mutter in den Schmutz gezogen, beschimpft und als verrückter Vogel hingestellt", was den Patienten sehr schmerzlich berührte.

Andererseits fand der Patient sein Vorbild der Männlichkeit in der Vergangenheit. Sein Großvater väterlicherseits, in seiner aktiven Zeit Großbauer und Politiker, zeigte nach Aussage des Patienten auf einem alten Photo „gemeinsam mit zehn bis zwölf ähnlichen Typen" jenes „beeindruckende Gesicht voll Stolz und Selbstsicherheit", das den Patienten zum begeisterten Ausruf „Das war Polen" bewegte. Er sehnte sich sehr nach solcher „männlichen Stärke" und solchem „männlichen Stolz"[2].

Diese Sehnsucht des Patienten nach einem „starken Vater" ging aber nicht in Erfüllung. Sowohl der Bruder der Mutter, als auch der Großvater väterlicherseits waren zusehr außer Reichweite und konnten so jene Kraft nicht beisteuern, die den Patienten via Identifikation dazu befähigt hätte, sich der „ungeheuren Dramatik" (Stork 1974, p. 274) des Nein-Sagens der Mutter gegenüber auszusetzen, jener „strafwürdigen Emanzipation vom ewigen Sein" (Nietzsche 1873, p. 443), die im Rahmen der regelrechten Entwicklung stattzufinden hat. Zu dieser vorstehend angeführten dauerhaft auf den Patienten einwirkenden, entwicklungshem-

2 Diese Thematik, sich vom Vater im Individuationskonflikt gegenüber der Mutter alleingelassen zu fühlen und sich in einem Hilfeschrei an ihn zu wenden, ist in der heutigen Zeit, war es aber wahrscheinlich auch früher, kein Einzelschicksal. Nicht nur unsere Patienten schlagen sich in ihren Symptomen damit herum, auch Künstler drükken sich diesbezüglich in ihren Werken aus, z. B. haben verschiedene Schriftsteller dieses Problem bearbeitet. Und zwar im letzten Jahrzehnt so auffällig oft, daß ein Wiener Literaturkritiker sich kürzlich fragte, „warum soviele Autoren ihre Kindheit öffentlich auf dem Buchmarkt überdenken". Erst im Rückblick fällt auf, wieviele „vaterlose Literatur" es in den 70er Jahren gegeben hat. Peter Handke's „Wunschloses Unglück" allem voran. Aber auch Peter Härtling's „Nachgetragene Liebe", Christine Meckel's „Suchbild", Jutta Schutting's Erzählung „Der Vater" und andere mehr berufen die Figur des Vaters. Vor nicht allzu langer Zeit erschien der erste Gedichtband des österreichischen Dramatikers Turrini „Ein paar Schritte zurück...", der ebenfalls einige Hinweise auf die tragischen Auswirkungen des fehlenden Vaters in der Familie enthält. Ähnlich verhält es sich mit Christine Nöstlinger's Gedichtband „Über die armen Kinder". – Im Bereich der psychoanalytischen Wissenschaft wurde dem Thema „Fehlender Vater" seit Federn's „Vaterloser Gesellschaft" immer wieder aufs neue Aufmerksamkeit zugewendet.

menden Familienkonstellation, die man auch im Sinne eines Spannungs-, bzw. kumulativen Traumas (Khan 1974, p. 50) verstehen kann, gesellte sich die Wirkung von mehreren Schocktraumata, die im folgenden beschrieben werden sollen.

3.2.2 Die Traumata

Abgesehen von den beschriebenen konstitutionellen Momenten und der matriarchalischen Familienstruktur trugen auch mehrere traumatische Erlebnisse des Patienten dazu bei, ihn beim Auf- und Ausbrechen aus dem mütterlichen „Bannkreis" zu behindern. Bei der Darstellung beschränke ich mich auf drei wesentliche traumatische Vorfälle aus dem Leben des Patienten, nämlich erstens einer Vorhautoperation im 4. Lebensjahr, zweitens der Flucht aus Polen und ihren Folgen, als sich der Patient in der Vorpubertät befand und drittens der unglücklichen, versagungsreichen Liebesbeziehung zu einer etwa gleichaltrigen neurotischen Frau im Erwachsenenalter, die – wie bereits erwähnt – dann zur Dekompensation des Patienten führte und ihn die psychoanalytische Behandlung suchen ließ.

3.2.2.1 Das infantile Trauma

Schon in der frühen Kindheit des Patienten trug ein Operationstrauma dazu bei, die durch die beschriebenen konstitutionellen und familiären Faktoren bereits behinderte Loslösung zusätzlich zu beeinträchtigen. Die im 4. Lebensjahr wegen einer Vorhautverengung erfolgte Operation des Patienten traf denselben nämlich just in einer Zeit, wo er sich im Sinne des negativen Ödipuskomplexes gerade in Abwendung von der dominanten und sexualfeindlichen Mutter seinem Vater liebevoll zuwandte (Fürstenau 1979, p. 74). Die lustvoll erlebten und phallisch getönten gemeinsamen Aktivitäten mit dem Vater spielten damals eine große Rolle. In einer solchen vaterbezogenen Position erlebte der Patient die Operation als Strafe der Mutter für seine von ihm mit Neugier und Freude begrüßten aufsteigenden aktiven Männlichkeitsregungen. Der operierende Chirurg war in den Augen des Patienten nur „Handlanger und Befehlsempfänger" der eigentlich kastrierenden Mutter (Neumann 1974, p. 51). Die Folge dieses traumatisierenden lebensgeschichtlichen Ereignisses war eine Es-Regression auf die Stufe der Oralität. Bis dahin schlank, wurde der Patient in der Folge ein „dickes Milchbubi“.

3.2.2.2 Das juvenile Trauma

Bekanntlich wiederholt sich in der Pubertät der Individuations-Separationskomplex (Masterson, 1980, p. 55). In dieser Phase hätte der Patient unter günstigen Bedingungen vielleicht die Gelegenheit gehabt, das Stück versäumte Entwicklung nachzuholen, das er in der frühen Kindheit unter dem Einfluß der genannten Faktoren nicht absolvieren konnte. Allein auch diese Möglichkeit wurde durch das Trauma der Flucht der Familie aus Polen zunichte gemacht. Dieses juvenile Trauma entstand vor allem durch die Folgen der Flucht, weniger durch den Fluchtvorgang selbst. Der Patient wurde nämlich im Anschluß an das Flüchtlingslager, in dem er noch mit den Eltern beisammen sein durfte, von denselben ‚für ein Jahr in ein katholisches Heim gesteckt“. Dieser Heimaufenthalt bedeutete zusammen mit dem Verlust der Heimat die eigentliche Traumatisierung. Vorher verstand der Patient die Flucht – diesbezüglich von den Eltern getäuscht und irregeführt – in verleugnender Weise als spannendes Abenteuer. Nun in der „von strengen Pfaffen geführten Wixburg“ erlebte er, von den Eltern getrennt, von „rohen Kerlen“ umgeben, eine qualvolle Zeit. Von der „Alten“ fühlte er sich „gelinkt“. Man habe ihn betrogen, ihm alles Schöne genommen. Dieser Vertrauensverlust den Eltern gegenüber einerseits und andererseits (463) das in der Familie geübte kollektive Verdrängen, das „heile Welt spielen“ führte dazu, daß Verlassenheit, Einsamkeit und Trauer nie als Gefühl spürbar wurden. Vielmehr sei damals „der Film gerissen“ (462). „Es war, wie wenn es nicht ich wäre, der das erlebt und mitgemacht hat“. Was an authentischen Gefühlen da gewesen war, sei nach der Flucht erloschen. „Als wäre mir das Rückgrat gebrochen worden“, meint der Patient. Der Wechsel vom sicheren und behüteten Leben in Polen, zum „eingesperrten letzten Weh“ war nicht zu verkraften. Erst nach mehreren Haßausbrüchen in der Behandlung mit nachfolgender Besserung, gewinnt der Patient die Erkenntnis, wie wütend er eigentlich noch immer ist und meint: (471) „Erst jetzt dämmert mir langsam, wie groß das Paket, die Kröte, ist, die ich da geschluckt habe". Und er sieht auch im nachhinein, daß er die Eltern, die ihm alles genommen hatten, damals deshalb schonen mußte, „weil sie so arm waren". Der Vater z. B., dem seine Haare ausgefallen waren, hätte erbarmungswürdig „wie eine Leiche ausgesehen".

Roger Bastide schreibt in seiner „Soziologie der Geisteskrankheiten" (1973, p. 164) über die psychischen Auswirkungen von Migrationen: „Manche Psychoanalytiker sehen in der Orstveränderung einen Faktor, der die primitiven Ängste im Zusammenhang mit der ersten Ortsveränderung mobilisiert, die Ängste des Kindes, das sich von der Mutter löst, um die ersten Schritte zu machen. Diese Trennung wird tatsächlich nicht als Freiheit, sondern als Im-Stich-gelassen-Sein durch das beschützende Wesen empfunden (...). Das neugewählte Vaterland erscheint auch als „Rabenmutter", als „schlechte Mutter", die die gute ersetzt. Das „lustige Abenteuer" des Weggehens von „Mutter Polen", endete mit Objektverlust, nämlich voller Verlassenheit und Einsamkeit, die, wie vorhin beschrieben, so überwältigend stark waren, daß sich der Patient nur mit einer neurotischen Depersonalisation dagegen wehren konnte. Dieser Objektverlust mußte dem in Folge früherer Kindheitserfahrungen unter hochgradigen Objektverlust- und Liebesverlustängsten stehenden Patienten die äußere Bestätigung seiner unbewußten inneren Befürchtungen sein. Wer von der Mutter wegstrebt, sich selbständig machen will, muß mit schweren Sanktionen rechnen, ähnlich wie der Vater.

3.2.2.3 Das adulte Trauma

Im Erwachsenenleben eröffnen sich noch einmal Möglichkeiten der Persönlichkeitsentwicklung im Rahmen von korrigierenden emotionalen Erfahrungen in der Beziehung zu nahestehenden Partnern (Blanck & Blanck, 1978, p. 13–19). Aber auch hier hat der Patient kein Glück, führt ihn das Schicksal – bzw. der Wiederholungszwang – einer hysterisch-frigiden Frau in die Hände. Als er sich nämlich – entgegen dem Wunsch seiner Eltern, die ihn einen technischen Beruf erlernen lassen wollen – entschließt, sich einem helfenden Beruf im Gesundheitswesen zuzuwenden, lernt er eine Gruppe journalistisch und ideologisch geschulter Leute kennen, mit denen er, aus der elterlichen Wohnung ausziehend eine Wohngemeinschaft gründet. Diese Gruppe und ihre linke Ideologie bilden in den Jahren nach der Flucht, also in den „Jahren der absoluten Finsternis" – neben O'Neill's „Antiautoritärer Erziehung" – zum ersten Mal Lichtblicke, sind ein „Überlebensmittel", wie der Patient es nennt. In dieser Gruppe lernt der Patient die eben genannte Frau kennen und lieben und diese Liebesbeziehung wird zum dritten, adulten Trauma des Patienten, das ihn schließlich dekompensieren läßt und zur Behandlung motiviert. Diese, wie seine Mutter „vollbusige, schöne Frau" kritisiert ihn nach einiger Zeit ständig und „stalliert immer wieder etwas aus", wo ihn früher die Frauen immer verherrlichten. In ihrem „„zynischen Unterton", in ihren „Sticheleien" und ihren „spitzen Bemerkungen" wie auch in ihrer gestörten Sexualität, erinnert sie den Patienten an seine Mutter. Auch die Mutter sei nämlich im Bett „verkracht" gewesen und habe wiederholt über Frigidität geklagt. Nach etwa einem halben Jahr der Beziehung zu Liz, gerät der Patient in die eingangs beschriebene „depressive Krise". Innerhalb dieser Zeit wurde er – nach seinen Worten – zu einem „folgsamen Hunderl, das sein Frauerl zu bedienen hat". Noch nie habe er etwas „so sehr gewollt und so sehr nicht bekommen (426)". Liz sei „der große spezifische Faktor, der genau auf eine spezifische Stelle in mich hineinstach, und der in meiner Situation die Schwierigkeiten so verstärkt hat, daß sie zur Krankheit geworden sind".

Der Patient vergleicht seine eigene emotionale Situation in der Liebesbeziehung zu Liz aber nicht nur mit der seiner Mutterbeziehung, sondern auch mit der Situation nach der Flucht. „Der Liebhaber von Liz zu sein und Flüchtling zu sein" seien seine „wunden Punkte". In beiden Fällen sei ihm alles genommen worden, in beiden Fällen habe ihm das „sehr weh getan", in beiden Fällen habe er fassungslos immer wieder versuchen wollen, das Vorgefallene zu verstehen, habe ihn also „die Warumfrage gequält" und in beiden Fällen sei er sich „als Armutskerl, Bittsteller und Schlappschwanz" vorgekommen.

3.3 Eine zentrale Deckerinnerung

Sie ist geeignet, das Zusammenwirken der eben beschriebenen Faktoren bei der Entstehung der Störung des Patienten zu illustrieren. Der Patient berichtete folgendes: als Sechsjähriger wollte er, mit einer Spielzeugeisenbahn beschäftigt, ein kleines Lämpchen wieder zum leuchten bringen, kam dabei aber mit den Drähten nicht zurecht. Er wendete sich an den technisch versierten Vater um Hilfe. Dieser half ihm aber nicht, sondern ließ ihn mit seinem Problem allein und ging fort.

Zum Verständnis dieser Deckerinnerung ist es wichtig, die Bedeutung der „Eisenbahn“ und des Themas „Finsternis-Licht“ bei meinem Patienten zu kennen. Erstere brachte ihn wiederholt weg von der „strengen Zucht der Mutter“ hinaus in die Freiheit des bäuerlichen Lebens bei seinen Verwandten. Die „Finsternis“ hingegen war für den Patienten das viel verwendete Symbol seiner Depression, besonders für die Zeit nach der Flucht aus Polen.

Mit Kenntnis dieser Symbolbedeutung, läßt sich diese so einfach strukturierte Deckerinnerung aus dem Beginn der Latenzzeit, die der Patient bereits in der 4. Sitzung zum ersten Mal vorbrachte, in der Folge aber immer erwähnte, im Sinne Freud's als rückgreifende und vorgreifende Rückerinnerung verstehen (Freud, 1904, p. 52). Als vorgreifende Deckerinnerung verhüllt sie die präödipale Problematik und Traumatisierung des Patienten durch den schwachen Vater, der ihn gegenüber der Mutter im Stich läßt, ja sogar in der Rolle des operierenden Chirurgen als Handlanger der kastrierenden Mutter auftritt. Als rückgreifende Deckerinnerung verbarg sie das intensive Trauma, das durch das Verlassen des Heimatlandes entstand. Auch dort konnte der Vater des Patienten demselben nicht helfen, die jahrelange „Finsternis“ (Depression) aufzuhellen, die sich infolge der Flucht bei ihm einstellte.

4. Der bisherige Behandlungsverlauf: auf dem Weg zum aktiven Ich

Rotmann schreibt im Zusammenhang mit der „präödipalen Triangulierung“ (1978, p. 1109): „... in kleinen aktiven Schritten ändert das Kind seine Beziehungsmuster, in kleinen handhabbaren Autonomieschritten konstituiert sich das Ich immer mehr zum aktiven Ich (...). Autonomie entwickelt sich, wenn dem Kind die Möglichkeit gegeben wird, in kleinen Schritten aus maximaler Abhängigkeit zur kreativen Selbständigkeit zu gelangen". Im folgenden möchte ich solche kleine Schritte darstellen und zwar aus objektpsychologischer und aus ichpsychologischer Sicht. Den Ausgangspunkt bildet dabei die unter 2.2. beschriebene und mit Material belegte, oral getönte symbiotische Fixierung des Patienten mit ihren Merkmalen der Beziehung zu Partial-Objekten, einer starken Abhängigkeit und Passivität, sowie der autoplastischen Natur der adaptiven Ich-Leistungen. Das schrittweise Wachstum in Richtung auf reifere Formen der Objektbeziehungen und auf Ich-Funktionsausübung im alloplastischen Sinn, bzw. auf erste Sublimierungen und kreative Verarbeitungen des Individuationskonflikts soll nachstehend erörtert werden.

4.1 Veränderungsschritte aus objektpsychologischer Sicht

4.1.1 Im Privatleben

4.1.1.1 Die Trennung von Liz

Im Rahmen der unter 2.2 beschriebenen Es-Regression zur Stufe der Oralität wurde bereits erwähnt, daß sich der Patient im Laufe der Durcharbeitung dieser Phase langsam von Liz löste. Im Anschluß daran kam es allmählich zu einer Lockerung der Beziehungen zur Wohngemeinschaft.

4.1.1.2 Die Ausgliederung aus der Wohngemeinschaft

In diesem Zusammenhang zeichnete der Patient noch einmal im Rückblick die Entstehung der Wohngemeinschaft nach: die Idee dazu sei aus einem tiefen Bedürfnis nach Geborgenheit entstanden, aus dem Wunsch also, nicht alleine sein zu müssen, gemeinsam etwas zu tun. Was aber dabei herausgekommen sei, – und diese Erkenntnis schmerzte den Patienten sehr – wäre eine „faschistoide Struktur" gewesen, weil es in seiner Gruppe „trotz liberalen Lippenbekenntnissen nie demokratisch zugegangen war". Eine andere Meinung als die vom „Chef" (einem Gruppenmitglied, das in der Wohngemeinschaft eine führende Stellung einnahm) habe es nicht gegeben. Dieser habe, wie Hitler auf gesamtgesellschaftlicher Ebene, die Unterwerfungsneigung der Menschen und ihre Sehnsucht nach Erlösung ausgenützt. Indem er ihnen eine „kollektive narzißtische Welt" erobert hätte und ihnen das Gefühl gegeben habe, die Größten zu sein, hätten sie nicht nachgedacht, ob das, was sie taten, richtig oder falsch war, denn „es gab ja ohnehin den starken Vater". Auf diese Weise seien in der Wohngemeinschaft eigentlich nur Scheinfreundschaften zustande gekommen und der Patient habe nie wirklich jemandem seine Sorgen erzählen können. Der Patient erlebte die Wohngemeinschaft also als eine schizoide Situation des Nebeneinanders, ohne wirkliche Nähe. Außerdem habe sich eine Rollenteilung in „Arbeitsbrigaden und Aufseher" entwickelt.

Damit mache der Patient nun aber Schluß. Nicht länger wolle er „die Rolle des Lemuren, des gefügigen Gefolgsmannes und Untertan einnehmen". Wenn es auch schmerzte, jene beschützende Situation zu verlassen, die es ihm mehrere Jahre ermöglicht hatte, zu überleben, so tue er es dennoch, und zwar vor allem, weil er, wie gesagt, davon genug hatte, „dummer kleiner Handlanger, Jasager und Zuhörer" für den „Chef" zu sein, der in „narzißtisch aufgeblähter Manier ein Kind nach dem anderen zur Welt bringt". Er sah ein, daß er „Bestandteil von einem Gefüge" gewesen sei und selber nichts darin sein durfte. Er hatte geglaubt, eine Identität zu haben, dabei gab es nur eine „gemeinsame Identität", aber keine eigene. Er befand sich nur innerhalb des „Glorienscheines eines anderen" und schwamm mit. Nun wolle er sich aber loslösen.

Sofort ergaben sich dadurch mehrere Probleme für den Patienten. Einerseits schmerzte ihn dieser Loslösungsprozeß und seine Begleiterscheinungen. Die Wohngemeinschaft antwortete auf die Veränderungen des Patienten: er und seine Freundin Ulli wurden zunehmend weniger beachtet und „seine Stelle" in der Gemeinschaft wurde von einem anderen eingenommen. Andererseits erhob sich für den Patienten die Frage, ob er ohne jenes Ideal und Vorbild, von dem er sich nach 5 Jahren gemeinsames Weges lösen wollte, weil er es nicht mehr akzeptieren konnte, zu leben vermöge. Der Patient sah die Schwierigkeit, „nunmehr nicht zu wissen, wohin“, vielleicht noch nicht zu wissen, was in ihm stecke, dies erst entdecken zu müssen. Was wäre nun, wo er die Dynamik nicht mehr besitze, die ihm früher Kraft gab, nämlich die, „sich gegenseitig aufzurichten und zu stützen?“. Würde es nun, „wie beim heiteren Beruferaten zur Frage kommen: Was bin ich?“.

Schließlich bereitete dem Patienten die „totale Zweierbeziehung“ zu seiner Freundin Ulli Sorgen, die bereits vorlag und wie er meinte, „eheähnliche Züge“ angenommen hätte. Sie war vollkommenes Neuland für ihn und mit „totaler Ambivalenz“ besetzt. Diesen „Schritt zur Verbürgerlichung“, der einhergeht mit „zu zweit in einer Wohnung leben, Sorge tragen, Verantwortung übernehmen, sich verpflichten“, konnte der Patient, wie er sich ausdrückt, nur schwer „verschnupfen“. Auch, daß ihm so Sätze einfielen, wie: „wenn ich schon nicht nein sagen darf, dann wenigstens auf Mallorca“, erschreckten ihn; er stünde in Gefahr, zu einem „reaktionären Binkel“ zu werden.

Aber der Patient begab sich trotz der genannten Bedenken und Ängste auf diesen Weg. Zu sehr hatte er sich von seiner vorherigen Lebensform innerlich bereits distanziert, als daß er noch einmal zurück hätte können. Er zog also mit seiner neuen Freundin Ulli in eine kleine Wohnung und die beiden heirateten wenig später.[3]

3 Im Zusammenhang mit der Ausgliederung aus der Wohngemeinschaft kam es auch zu einer Veränderung der Beziehung des Patienten zu seiner ideologischen Position. Der Patient erkannte allmählich auf Grund konsequenter Widerstandsdeutung die Funktion seiner politischen Ansichten. Bei diesem Teil der Widerstandsanalyse war es übrigens besonders wichtig, den Patienten mit jenen Kritikpunkten zu akzeptieren, die in realen Mißständen ihre Begründung fanden. Es ist allgemein bekannt, daß Widerstände dort besonders schwierig zu bekämpfen sind, wo sie sich an Realitäten anlehnen. In solchen Fällen kommt man erfahrungsgemäß nur weiter, wenn man zunächst die Realität voll anerkennt, um dann in einem zweiten Schritt den Widerstandsanteil anzugehen. Auf diese Weise lernte der Patient auch mit der Zeit diese beiden Anteile zu diskriminieren, wie folgende Passage zeigen soll. Der Patient meinte damals (264), Idealisierung und Intellektualisierung seien dazu da gewesen, seinen „Haß politisch umzuformen. Die Theorie war ein Gebilde, mit der Funktion, meine Ablehnung und meinen Haß, die beide aus anderen Lebensbereichen kamen, erklärbar zu machen. Meine Kritik ist zwar sachlich richtig, wo sie Übelstände betrifft, aber meine Theorien, Thesen und Dogmen brauchte ich auch, um seelisch überleben zu können“.

4.1.1.3 Die Auflösung der Zweieinheit mit Ulli

Auch in der Zweierbeziehung zu Ulli stellte der Patient sehr bald eine verschmelzende Beziehung her, deren symbiotischen Charakter er erst viel später bemerkte. So sagte mir der Patient vor kurzem, nach mehr als 500 Sitzungen: „Für mich ist etwas Entscheidendes passiert in letzter Zeit, genauer gesagt in den letzten drei Stunden. So blöd es klingt, mir ist das erste Mal klar geworden, daß Ulli und ich zwei verschiedene Menschen sind. Der Vorfall letzten Sonntag brachte für mich diese wichtige Erkenntnis: ich sah Ulli vor mir und sah auch, wie traurig sie

Dieses Überlebenkönnen durch eine Ideologie hängt stark zusammen mit der narzißtischen Problematik des Patienten. Im Zusammenhang mit der Aufdeckung des Abwehrcharakters seiner Ideologie entdeckt er nämlich auch „die Arroganz und Überheblichkeit" in seinen politischen Ansichten. Er habe sich „besser, überlegen, großkopfert" gefühlt bzw. „große Gedanken hegend". Dieses „elitäre Bewußtsein" stehe aber im Widerspruch zu den Solidaritätsansprüchen, die er auch hege. Das Überlegenheitsgefühl gehe nämlich damit einher, die anderen, die „Nichtsnutze, die Idioten, vernichten zu wollen, wo sie doch zu vernichtende Etwase seien". Der Patient erschrickt, als er dies ausspricht und klassifiziert solches Denken als faschistoid. Aber er meint auch, es sei eben so und er müsse zur Kenntnis nehmen, daß er solcher Art denke. Das faschistoide Element spielt laut Angaben des Patienten nicht nur in seiner Ideologie, sondern auch in der Dynamik seiner Wohngemeinschaft eine Rolle, die unter (4.1.1.2) dargestellt ist.

Ein weiterer Aspekt der Ideologie des Patienten betraf die Pragmatik der Studentenbewegung. „Ich selbst gehörte zur Elite in der Szene, es ist uns aber nicht gelungen, die Bewegung zu erhalten, Leute zu finden, die das Ganze wirklich tragen wollten. Wir hatten keine linke Pragmatik, es gab nur zwei Formeln: erstens nämlich, alte Stellung zu halten, was besser ist, als wenn ein reaktionärer Hund die Stellung einnimmt und zweitens am eigenen Arbeitsplatz irgend etwas zu versuchen". Auf diese Weise konnte natürlich das „Wissen um die Dinge" nicht umgesetzt werden in sinnvolles Handeln, sondern blieb „in blindem Haß stecken". Das sei laut Patient übrigens auch einer der Gründe für den Mißerfolg der Linken (352). Man hätte nur Theorien und keine Erfahrungen gehabt, sei ungeübt und ohne Strategien gewesen und darum in Auseinandersetzungen zu schwach. So seien schließlich sämtliche Modelle „von Institutionen gefressen worden" und Personen, die Ende der 60er Jahre links gewesen seien, hätten sich in „Dienstgeberschweine" verwandelt.

Es wäre falsch zu behaupten, der Patient stand in Gefahr, die Terroristenlaufbahn einzuschlagen. Wohl aber hatte er tiefes Verständnis, wenn zwar zwiespältig, für deren Taten und sprach auch selbst immer wieder davon, unliebsame Personen mit Bomben und anderen Explosivkörpern „wegzusprengen". Vielleicht verblieben diese Vorstellungen, Wünsche und Strebungen im Bereich der Phantasie, weil der weitere Verlauf der Behandlung dem Patienten genügend reale und konkrete Möglichkeiten zur Auseinandersetzung mit seiner Umwelt eröffnete (siehe 4.1.2 und 5. vorletzter Absatz).

war. Ich empfand sie erstmals als mir gegenüber und spürte deutlich, daß ihre Traurigkeit nicht meine Traurigkeit war. Ihre Emotionen waren nicht gleich meine Emotionen. Und ich hörte mich zu meiner eigenen Überraschung sagen, daß ich sie zwar lieben, aber auch meine Freiheit haben, ihr nicht weiter am Rockzipfel hängen wolle".

4.1.2 Im Berufsleben

Ein Beispiel aus dem beruflichen Feld des Patienten sei angeführt, um zu illustrieren, wie die Veränderung des Patienten in alle Lebensbereiche ausstrahlte, und wie er jene realen und konkreten Möglichkeiten zur Auseinandersetzung mit seiner Umwelt, die er vorfand, auch ergriff. So bemühte er sich z. B., und erreichte es auch, an seinem Arbeitsplatz als Personalsprecher und Delegierter in das Führungsgremium gewählt zu werden und lernte es, in dieser Funktion, seinen Mann zu stellen. Oft wenn er von diesen berufs- bzw. betriebspolitischen Konflikten erzählte, fiel mir auf, daß er von den Autoritäten in der Institution, bzw. von der Organisation als Ganzes in ähnlicher Weise erzählte, wie von seiner verschlingenden, kastrierenden Mutter. Im Zusammenhang mit den Vorgängen nach der Studentenbewegung Ende der 60-ziger Jahre sprach der Patient z. B. öfters davon, daß die Institutionen alle „neuen Modelle aufgefressen" hätten.

4.1.3 In der psychoanalytischen Situation

Bisher stand die präödipale Thematik in der Therapie eindeutig im Vordergrund, wenn zwar nicht immer objektal ausgetragen, sondern im Falle der Überschreitung der Spannungstoleranz des Patienten von ihm in narzißtischer Weise agiert. Im Zuge der Stärkung der Autonomie des Patienten treten neuerdings in zunehmenden Ausmaß ödipale Elemente im analytischen Prozeß auf und zwar vorerst mit einem Schwerpunkt im negativ ödipalen Bereich.

4.1.4 Zusammenfassung

Überblickt man die Entwicklung im privaten und beruflichen Bereich, sowie in der psychoanalytischen Situation, dann fällt auf, daß der Patient sich auf zunehmend produktive und realistische Weise gegen tatsächliche oder vermeintliche Unterdrückung durch seine jeweils feldspezifischen Partner auflehnt und er im Laufe der daraus resultierenden Auseinandersetzungen einen Zuwachs an Aktivität, Festigkeit und Eigenständigkeit erfuhr.

4.2 Veränderungsschritte aus ichpsychologischer Sicht

4.2.1 Der „Motorradwahnsinn"

In einer bestimmten Phase der Behandlung kam es bei dem Patienten zu einer großen Besetzungsverschiebung (240). Während einerseits die Zugkraft des „großen Busens" und auch das geschlechtliche Verlangen des Patienten deutlich nachließen (er wird vorübergehend während der Analyse impotent) und sich andererseits das politische (Fußnote 2) und Wohngemeinschaftsinteresse (siehe 4.1.1.2) des Patienten merklich verringerte und er wie beschrieben, die Wohngemeinschaft verließ, steigerte sich die Beschäftigung mit Kraftfahrzeugen, insbesondere mit einem Motorrad bis zur Besessenheit. „Ein großer Busen ist mir nicht mehr so wichtig" meinte der Patient, und „Philosophie und Marxismus sind weit weg" fügte er hinzu, dafür spricht er mit aufgeregter Stimme von einer „ungeheuer potenten Alternative", nämlich seiner „großen bayrischen BMW", die wunderschön dastehe und auf die er sich nur darauf zu setzen brauche, um vom „Topf" aller Widerwärtigkeiten davonzusegeln. Er hätte „Mechaniker" werden sollen.

In der Folge nahm die BMW so großen Raum ein, wie vorher die Frauenbrust. Der Patient war sich zwar im klaren über den Charakter des Motorrads als Ersatzbefriedigung und hätte auch lieber befriedigende Beziehungen zu Menschen gehabt, aber er meinte auch: „derzeit fließt eben die ganze Liebe in den Drahtesel. Alle positiven Energien sind auf dem Paketträger".

Im Zusammenhang mit dem Motorrad entwickelten sich in der Folge handwerkliche Interessen und Fähigkeiten des Patienten, die an frühe, lustvolle Kindheitserlebnisse mit dem Vater anknüpften, als die beiden gemeinsam Kraftfahrzeuge reparierten. „Es wächst ein zartes Pflänzchen, wo etwas anderes daraufsteht als bisher", meint der Patient, nämlich „Aktivität und Selbstvertrauen". „So gefährlich laut und stinkend wie die Gummikuh[4] auch ist, repräsentiert sie für mich doch Macht und Potenz." Auf dieser „Gummikuh" fühlte sich der Patient überlegen und wenn er wieder herunterstieg, war er „wahnsinnig ruhig, relaxed und entspannt". Schon beim Aufwachen mußte er an die Maschine denken, und er konnte sich vorstellen, daß solch ein Kraftrad für ihn zur Droge entarte. Er sah sehr wohl das „Ungleichgewicht der Energieverteilung" nämlich insofern, als alle seine Energie dort hinein floß. Das war für ihn aber auch nicht verwunderlich gewesen, weil er doch auch auf sehr lustvolle Kindheitserfahrungen mit „Seifenkisten" zurück blickte, bzw. wie erwähnt, auf gemeinsame Reparaturen von Autos mit seinem Vater. Dennoch konnte der Patient den Perfektionismus um das „geliebte Objekt" nicht ganz verstehen und war wiederholt darüber verwundert, daß sich im Moment „alles um das leblose Ding dreht".

4.2.2 Die kreative Stufe: das Schnitzen

Schließlich begann der Patient, für ihn selbst kaum erklärlich, aus dem heiteren Himmel zu schnitzen. „Ich tue wahnsinnige Dinge", sagte er

4 Ein Wiener Kollege berichtete mir von einem italienischen Motorradmodell, das den Namen „Vacca" führe, d. h. auf deutsch übersetzt „Kuh". Hier hat vielleicht ein findiger Marketing-Manager der betreffenden Firma intuitiv die unbewußte Bedeutung des Motorrades für so manchen Lenker erfaßt oder erahnt und durch eine entsprechende Namensgebung das Unbewußte seiner Kunden mit dem Zweck der Verkaufsförderung anzusprechen versucht. Vielleicht hat er es aber nicht intuitiv erahnt, sondern sogar systematisch erhoben. Die Manager und Betriebsberater der heutigen, konkurrenzgeplagten und insolvenzbedrohten wirtschaftlichen Szene haben nämlich in ihrer Not neuerdings auch das Unbewußte entdeckt. Ich möchte an dieser Stelle nur ein kurzes Beispiel geben. Die Wiener Schule der Gruppen- und Organisationsdynamik, mit dem psychoanalytischen Gedankengut sehr vertraut, betreibt seit einigen Jahren psychoanalytisch-tiefenpsychologisch orientierte Motivationsforschung bei Kunden von Wirtschafts- oder Dienstleitungsbetrieben. Die Ergebnisse solcher Erhebungen werden dann im Rahmen des strategischen Managements des betreffenden Unternehmens verwertet und führen oft zu ganz erheblichen Umsatzsteigerungen. So berichtete mir einer dieser Kollegen von einer Motivationsforschung bei Versicherungskunden, die erhellen sollte, welche unbewußte Ängste auf Seiten des Versicherungsnehmers eigentlich zum Versicherungsabschluß führen. Die Verwertung der erhobenen Befunde durch geschicktes Marketing-Management führte zu einer Vorrückung dieses Unternehmens innerhalb der Umsatz-Rangskala der Großversicherungen vom 9. auf den 2. Platz.

„ich schnitze! ich habe das im Leben nie gemacht!" und der Patient schnitzt mit eben solchem Eifer und solcher Intensität, wie er vorher Motorrad fuhr und „brustsaugend fluchtschwebte" (siehe 2.2). Er arbeitete oft 20 Stunden durch und über das Schnitzen vergaß er sogar „aufs Essen und Pinkeln" (422). Nach einiger Zeit stellte sich heraus, was er schnitzte. In einer Sitzung, in der er wieder einmal von seiner Mutter sprach, neben der der Vater und er selbst „gar nicht vorkommen dürfen", verriet er sein Schnitzgeheimnis: er habe immer wieder Frauen geschnitzt, und zwar „Urfrauen" vom Typ seiner früheren Freundin Liz und seiner Mutter.

4.2.3 Zusammenfassung

Wenn man die bisher beschriebenen Verhaltensmuster zusammenfassend vergleicht, läßt sich, glaube ich, ein Fortschritt in der Ich-Aktivität des Patienten ablesen. Handelte es sich bei dem illusionären Brustsaugen am Anfang der Behandlung (2.2) um einen vorwiegend konsumptiv-rezeptiven Akt der Imagination, so steigert sich die Ich-Aktivität beim Motorrad bereits zu reproduktiv-reparativen Akten und Steuerungshandlungen. Mit dem Schnitzen aber stellt sich bereits ein kreatives Verhalten ein und gewinnen gestaltende Tätigkeiten die Oberhand.

Anders ausgedrückt antwortet der Patient anfangs der Behandlung auf die Versagung innerhalb und außerhalb der psychoanalytischen Situation mit einem autoplastischen Vorgang: er macht sich selbst zur (Mutter-)Brust, d. h. er findet eine Brust *in sich*, die ihm als Teilobjekt die vom realen Objekt vorenthaltende Befriedigung spendet. Später reagiert er mit einem alloplastischen Verhalten: er gestaltet im Schnitzakt „Urfrauen vom Typ seiner Mutter" *aus sich heraus*, d. h. also er schöpft bzw. formt im Schnitzakt Ganzobjekte. Dazwischen liegt als Mittelding, wie ein Übergangsobjekt, das Motorrad. Als „Gummikuh" verrät es die mütterliche Bedeutung für das Unbewußte. Aber er hat es weder *in sich*, also durch seine Phantasie in sich „hineingebildet", noch *aus sich heraus*, also durch seine werkschaffenden Hände „herausgebildet", er hat es vielmehr *außerhalb seiner (s) Selbst gefunden.* Winnicott (1973, p. 19) meint hierzu: „In der Beziehung zum Übergangsobjekt gelangt das Kind von der (magischen) Kontrolle durch Allmachtsphantasien zu einer Kontrolle durch Handhabung, an der Muskelerotismus und die Lust an der Koordination beteiligt sind".

5 Diskussion

In der vorstehenden Fall-Darstellung beschrieb ich einen Patienten, dessen Ansätze zu Individuation und Separation durch konstitutionelle, familiendynamische und traumatisierende Faktoren jeweils im Keim erstickt wurden. Demzufolge war er weder in der Kindheit noch in Pubertäts-Adoleszenz, noch im Erwachsenenalter aus eigener Kraft imstande, die Ablösung von der Mutter in regelrechter Weise zu vollziehen, mit der Folge gestörter persönlicher und geschlechtlicher Identität. Erst in der psychoanalytischen Behandlung gelang es, sein „pathologisches Trauma in ein Trauma des Wachsens zu verwandeln" (Ekstein, 1979, p. 1097).

Während des Behandlungsprozesses war es beeindruckend, den Kampf des Patienten mit der unbewußten Mutterimago, der Vorstellung einer bösen, verschlingend – kastrierenden, in Abhängigkeit haltenden Figur, zu beobachten und ihm bei der Überwindung der dabei auftretenden Schwierigkeiten behilflich zu sein. Die Wirksamkeit eines unbewußten bösen Mutterbildes war dabei in sehr verschiedenen Bereichen zu erkennen, zum Teil weil das Material ganz offen vorlag, wie etwa an jener Stelle, wo der Patient begann „Mutterfiguren" zu schnitzen. An vielen Stellen war es allerdings nur möglich, das Vorherrschen der genannten Imago zu erschließen, also über die Interpretation des einschlägigen Materials. Eine besondere Note des Patienten bestand dabei in der oftmaligen Verwendung von unbewußt determinierten d. h. Abkömmlinge von unbewußten Phantasien darstellenden Sprachbildern (siehe Arlow, 1977, p. 653). Formulierungen wie „die Institutionen fressen alle neuen Modelle auf", „der Chef der Wohngemeinschaft gebiert ein Kind nach dem anderen", die Bezeichnung des Motorrads als „Gummikuh" und viele andere Beispiele ähnlicher Art belegen dies.

Abschließend möchte ich auch kurz auf den Aspekt der förderlichen Einflüsse auf die Entwicklung des Patienten zu sprechen kommen. Die spezifischen Triebversagungen seitens der Eltern sind ja in spezifische Angebote und Herausforderungen eingebettet, die für die jeweilige Familie charakteristisch sind. Das Kind stößt also in jeder seiner Entwicklungsphasen nicht nur auf Triebeinschränkungen, sondern zugleich auch auf Chancen der Triebbefriedigung, der Erprobung und Anwendung von Ich-Funktionen und Weisen des sozialen Umgangs. Diesen Gesichtspunkt habe ich in meiner Arbeit nicht berücksichtigt, er soll aber an dieser Stelle zumindest erwähnt werden. Denn in dieser Hinsicht hat die psychoanalytische Behandlung meines Patienten nur frühere Anregungen, die er erfahren hat, aufgegriffen und damit zu deren Weiterentwicklung beigetragen.

Das Gefüge der Umwelteinflüsse, also die Gesamtheit der syn- und diachron in hinderlichem und förderlichem Sinn auf den Patienten einwirkenden Faktoren, die gemeinsam mit der Gesamtheit der Erbanlagen, dem sogenannten *Genom*, das sogenannte *Phänom*, also die Phänomenologie der Persönlichkeit bedingen, könnte man dabei in Anlehnung an die eben genannten Begriffe aus der Vererbungslehre das *Szenom* eines Menschens nennen, insofern sich alle die genannten Einwirkungen der Umwelt über erlebte *Szenen* auf eine sich entwickelnde Persönlichkeit auswirken.

Literatur

Arlow, J. A. (1977): Die Affekte und die psychoanalytische Situation. Psyche, 7, 637–659.
Balint, M. (1969): Die Urformen der Liebe und die Technik der Psychoanalyse. Frankfurt/Hamburg (Fischer).
Bastide, R. (1973): Soziologie der Geisteskrankheiten. Köln (Kiepenheuer und Witsch).
Blanck, R. u. G. (1978): Ehe und seelische Entwicklung. Stuttgart (Klett–Cotta).
Ekstein, R. (1979): Das Residualtrauma. Psyche, 12.
Freud, S. (1920): Drei Abhandlungen zur Sexualtheorie. G. W. V.
Freud, S. (1904): Zur Psychopathologie des Altagslebens. G. W. IV.
Fürstenau, P. (1979): Zur Theorie psychoanalytischer Praxis. Stuttgart (Klett-Cotta).
Khan, M. M. R. (1977): Selbsterfahrung in der Therapie. München (Kindler).
Masterson, J. F. (1980): Psychotherapie bei Borderline-Patienten (Klett-Cotta).
Mendel, G. (1968): Die Revolte gegen den Vater. Frankfurt a. M. (Fischer).
Neumann, E. (1974): Ursprungsgeschichte des Bewußtseins. München (Kindler).
Nietzsche, F. (1982): Die Geburt der Tragödie. Leipzig (Kröner 1922).
Rotmann, M. (1978): Über die Bedeutung des Vaters in der „Wiederannäherungs-Phase". Psyche, 12.
Stork, J. (Hg.) (1974): Fragen nach dem Vater. Freiburg (Alber).
Winnicott, D. W. (1973): Vom Spiel zur Kreativität. Stuttgart (Klett-Cotta).

Dr. med. Karl Purzner, Ottakringerstraße 105/3, A 1160 Wien

Pseudodebilität, Depression, Trauer
Aus einer Kinderanalyse*

Jaques Berna

Der zehnjährige Walter wurde mir von seinen Eltern vorgestellt. Sie hoben dabei vor allem seine außergewöhnliche Freude und Geschicklichkeit an der Mitarbeit im väterlichen Geschäft hervor. Fast nur nebenbei erklärten sie sich bereit, und zwar wegen seiner Schulschwierigkeiten, ihn in Analyse zu geben. Dies geschah auf Empfehlung des Hausarztes, der von Pseudodebilität sprach (in einem viel später erhaltenen Bericht). Walter besuchte nach Wiederholung der zweiten Klasse eine Spezialklasse. Damals, Anfang der 60er Jahre, war das eine einheitliche Klasse für alle Kinder mit ungenügenden Leistungen. Walter war zusammen mit acht Mitschülern, die zum Teil an sehr schweren Störungen litten. Zu Hause, so berichteten die Eltern, sei Walter lieb und gehorsam, schlafe aber unruhig und sei auch allgemein nervös.

Als ich Walter sah, klein und eher schmächtig, war ich zunächst verblüfft über das pfiffig aussehende Gesicht, aber doch mit einem unbeweglichen, fast starren Ausdruck. Walter konnte einen nicht ansehen. Und dann war ich erstaunt über seine Sprache: er sprach ein Kauderwelsch, das nur schwer zu verstehen war, eigentlich wie eine Fremdsprache tönte. Es war weder ein Stottern noch ein undeutliches oder kindliches Schwätzen, sondern ein Sprechen, das ich noch nie gehört hatte und nie wieder hörte und das mir ein Nachahmen unmöglich machte. Zu Beginn verstand ich Walter sozusagen nicht und erst allmählich kam ich den Worten und dem Inhalt seines raschen Sprechens näher.

Walter sah sich im Zimmer um und wollte sogleich und bestimmt mit Ton arbeiten. Er wolle einen Aschenbecher für Vaters Geburtstag machen. – Im Spiel, bzw. in der Beschäftigung mit Ton, kann sich inneres, stummes Sprechen äußern. Dieses Spiel ist für Kinder ein Zwi-

* Stark erweiterte Fassung des Murtener Referates.

schenstadium zwischen „Inszenieren ohne Kontrolle und Formulierung in Worten als Vorausbedingung für Gedankenkontrolle“ (J. Sandler, 1982). Der Analytiker versucht, dem Kind zu helfen, seine Gefühle und Erlebnisse zu verbalisieren. Dadurch werden sie seinem Verständnis und seiner Kontrolle näher gebracht. „Die Verbalisierung befähigt das Kind oft, in einer Phantasie das Unwirkliche zu sehen, zu verstehen, daß die Wünsche der Phantasie nur Wünsche in Gedanken und nicht der Handlung gleichzusetzen sind. Das Kind kann dann unter anderen Umständen besser ertragen, wenn es mehr Verständnis und Kontrolle gewinnt“ (J. Sandler, 1982). – Bei Walter aber ging es mir mit dem Verstehen, was in seinen Handlungen geschah, ähnlich wie mit dem Sprechen: ich begriff nicht, was Walter mit seinen Händen tat. Er wollte unbedingt lege artis – natürlich ohne Tonscheibe – töpfern, also Würstchen drehen, aufeinanderreihen und verstreichen, und wenn ich auch seine Versuche anerkennen konnte, blieb mir doch rästelhaft, wie er es überhaupt nicht verstand, seine Finger richtig zu gebrauchen. Zwar entstand mit meiner Hilfe ein Boden und ein paar Reihen Würste wurden aufgeschichtet, aber unversehens war ein Knick oder ein Riss vorhanden oder irgend ein Gegenstand fiel auf das begonnene Werk.

Wohl ist das Spiel mit dem Ton eine Modifikation der kinderanalytischen Technik, die mir – wie bei vielen Kindern mit anderen Aktivitäten und Spielen – bei Walter als absolute Notwendigkeit erschien. Ich hatte das eindeutige Gefühl, daß die allgemeine Hyperaktivität des Jungen (die Geschäftigkeit im elterlichen Geschäft usw.) auf einer pathologischen Angst vor Fremden und Unbekannten beruhte, und daß er das Spiel mit dem Ton aus derselben Furcht gewählt haben mochte. Auf diese Weise schuf er sich die Gewißheit, immer dieselbe Situation zu schaffen und vorzufinden, auch mit dem Mißglücken der Arbeiten und dem Neubeginn irgendeines Gegenstandes, aber sicher auch mit dem Schweigen, das die Stunden hauptsächlich füllte – das Stummsein aus Angst vor dem Aussprechen irgendwelcher Gefühle, die in seinem Kauderwelsch auch zum Ausdruck kam. So sah ich das Eingehen auf die Forschung des Patienten, ein Minimum an Sprechen zu erreichen nicht als ein Mitagieren, sondern als vorläufige Modifikation der Technik, um das Vertrauen von Walter zu erreichen.

Es war für mich deutlich, daß Walter die Realität als äußerst qualvoll erleben mußte, und dadurch fiel es mir noch schwerer, zu wissen, was ich eigentlich deuten sollte. Durch seine verwirrte Sprache, sein verwirrendes „Spiel“ mit Ton, auch durch die undeutlichen, wenigen Angaben der Eltern war es mir nicht möglich, herauszufinden, welche vorbewußten Probleme Walter beschäftigten, um wenigstens hier einen Anhaltspunkt für Deutungen erhalten zu können. Klar war mir nur, daß Walter massiv alle Gefühle abwehren mußte, und daß die Verwirrung zu dieser Abwehr gehörte. So war ich zu einem Aufschub der eigentlichen analytischen Arbeit gezwungen und wartete ab, was sich ergeben würde.

*

Als ich die Eltern nach sechs Konsultationen – drei pro Woche – sprach und ihnen Walters Schwierigkeiten (Sprechen und Handarbeiten) darstellte, sahen sie sich verlegen an und der Vater meinte bagatellisierend, das sei zeitweise auch so zu Hause und im Geschäft, aber das werde sich schon auswachsen, es sei schon besser als früher. Ab und zu passiere ihm zu Hause oder im Geschäft auch ein Mißgeschick; die Eltern betrieben zusammen ein Lebensmittel- und Getränkegeschäft. Die kleinen Unglücke würden aber durch seinen Eifer und durch seine freudige Hilfe gut wettgemacht. Ich erfuhr dabei, daß Walter nach der Schule (außerhalb der Stadt) immer ins Geschäft komme, und der Zehnjährige mache intensiv und gekonnt im Laden oder im Lager mit. Abends ging die Familie gemeinsam nach Hause und dann wurden die spärlichen Schularbeiten gemacht.

Ich spürte deutlich, daß die Eltern der Realität auswichen, Walter in seinen erheblichen Schwierigkeiten und seinem sichtbaren Leiden garnicht verstanden und fast dachte ich, sie verheimlichten mir einiges. Es fiel auch auf, wie sie sich für die vereinbarten Stunden (eine pro Woche) meistens entschuldigten – zu viel Arbeit – jedoch Walter regelmäßig zu mir schickten.

Natürlich war ich darauf angewiesen, von außen, also Eltern, Lehrer und Hausarzt, Informationen zu erhalten. Doch waren diese durch Walters Eltern kaum zu erwarten und vor allem nicht in einer Form, die der

Anaylse besonders hilfreich gewesen wäre. Es könnten in jeder Analyse, vor allem bei Kleinkindern, durch Informationen die Arbeit erheblich unterstützt werden, aber dies stellt fast in jeder Analyse (bei Latenz- und vor allem Pubertätspatienten) erschwerende Probleme. Eine Lösung fand ich bei Walter noch nicht: er wollte keinesfalls, daß ich mit den Eltern Kontakt hatte. So wartete ich die weitere Entwicklung der Analyse ab. „Eine dogmatische Lösung, was in bezug auf außeranalytische Information richtig oder falsch sei, ist eine abwehrende Haltung seitens jedes Therapeuten, der sie äußert." (J. Sandler 1982)

*

Nach vier Monaten Behandlung geschah das folgende: Walter brachte tatsächlich erstmals eine kleine Vase zustande, freute sich mächtig und indem er rief: „Schauen Sie wie schön!" nahm er sein Werk unsanft in die Hand, hob es hoch und ließ es auf den Tisch fallen – und hin war die Vase. Es schien fast, als wäre ihm das egal, aber *ich* war wie erstarrt, nahm meinen Kopf in die Hände, stützte mich auf den Tisch und sagte verzweifelt: „Ich bin ganz verwirrt, ich bin ganz durcheinander, ich komme nicht draus!" und mir war fast übel. Walter starrte mich groß an, setzte sich ruhig mir gegenüber hin und nahm den Kopf auch in die Hände, begann ihn langsam auf und ab zu bewegen und sagte zum erstenmal deutliche Worte: „Ich bin auch ganz durcheinander, ganz durrenand!" Er schaute mich dabei – auch erstmals – unverwandt und traurig an. Mir kamen fast die Tränen, so erschütternd nahe war mir der Junge gekommen. Erst nach einer Weile des Stillsitzens sagte ich: „Du kommst schon garnicht draus zu Hause." Jetzt begann Walter unruhig zu werden, schaute mich nicht mehr an, stand auf, wollte wieder basteln, aber ich blieb beim Thema: „Walter, das ist sehr schlimm für Dich, das gar-nicht-draus-kommen." – Mit dieser Staunde begann ich das Protokoll dieser Analyse zu führen, und bald kam Walter viermal wöchentlich.

Das geschilderte Vorgehen ist *nicht* als Modifikation der kinderanalytischen Technik zu verstehen. Vielmehr war es das spontane Reagieren des Analytikers auf ein unglückseliges Verhalten des Jungen, das bei beiden Schmerz und Verzweiflung auslöste. In der Identifikation mit dem Patienten, die sonst kontrolliert und zurückgehalten wird, wenn sie zu Reaktionen reizt, wurde ein gemeinsames Gefühl erlebt, das gemeinsame Verzweiflung und Trauer mit sich brachte. – Was ich so überwältigend erlebt habe und Walter dann erst in Identifikation mit mir erleben konnte, war der Affekt von Schreck, Enttäuschung, Hilflosigkeit. Diese Gefühle muß Walter in seinen traumatischen Erlebnissen durchgemacht haben, die er abwehrte – und mich hat der Affekt überrollt ...

*

Nach mehr als vier Monaten Behandlung kamen die Eltern und beschwerten sich, Walter sei furchtbar unruhig, besonders nachts und schwitze das ganze Bett naß. Ich erwähnte, das müsse mit seinen Ängsten zusammenhängen, wie ich dies überhaupt von seinen Schwierigkeiten annehme. In diesem Gespräch erfuhr ich, daß Walters leibliche Mutter vor sechs Jahren nach langjährigem Krebsleiden gestorben sei. Walter sei damals selbst im selben Spital gelegen und hatte nach Blinddarmentzündung eine Operation durchgemacht. Man habe ihn geschont und nichts vom Tod seiner Mutter erwähnt, auch später nicht. Die Großmutter sei einige Monate im Haus gewesen, habe mehrere Haushälterinnen ausprobiert, bis eine genehm war, dann sei sie, die Großmutter, gegangen. Die Haushälterinnen blieben weiterhin immer nur kurze Zeit, Wochen oder Monate. Darum habe Walters Vater seinen Sohn schon früh mit ins Geschäft genommen und später, als er zur Schule ging, von den Haushälterinnen bringen lassen, bis er allein Bahn und Straßenbahn benützen konnte. Die jetzige Frau kam vor zwei Jahren ins Haus und verheiratet seien sie seit einem Jahr.

Als ich vom Tode der Mutter erfuhr – Walter war damals genau vier Jahre alt gewesen und lag operiert im Spital – war ich derart blockiert, daß ich nichts sagen konnte. Die Eltern waren offenbar der Ansicht, das Verschweigen sei zum Schutze ihres Kindes, wie dies so oft von Eltern und Angehörigen die Meinung ist. Angesichts dieses elterlichen Verhaltens mußte Walter gelähmt sein, und mir war es jetzt ebenso ergangen, ähnlich wie damals in der Stunde mit der Zerstörung der Vase. – Mir wurde jedenfalls klar, daß für Walter niemand da gewesen war und noch immer nicht da war, um ihm zu helfen und aus der Verwirrung heraus zu bringen. Sein „Durcheinander" war die Wiederspiegelung des Durcheinanders seines ganzen Lebens: der dauernd sich wechselnden Objektbeziehungen, seines Rätsels um Krankheit und Verschwinden seiner Mutter, was eng zusammenhängen mußte mit seiner Operation, dem Mangel an einem Menschen, der ihn emotional stützte und seinen großen Kummer teilte – um nur ein paar Punkte zu erwähnen und zu verstehen, wie sehr sich Walter fürchten mußte vor dem Traurigsein. Denn seine Ängste waren auf allen Ebenen gesteigert: Kastrationsangst, Angst vor Objektverlust, vor Überwältigung.

Es mag verständlich sein, daß ich große Mühe hatte, meine Gegenübertragung, d. h. meine Gefühle zu Walter zu kontrollieren und mein Mitleid, mein Mitgefühl in Zaum zu halten. Dies war auch in der eben erwähnten Besprechung mit den Eltern der Fall, die ich fast wortlos entließ. Walter gegenüber versuchte ich, meine Kenntnis über den Verlust seiner Mutter so mitzuteilen, daß er sich möglicherweise dazu äußern konnte, aber das gelang anfänglich nicht. Seine Reaktion war typisch: er begann wie besessen mit Ton zu kneten. Ein gemeinsames Gespräch mit den Eltern oder einem Elternteil lehnte er kategorisch ab, wie er überhaupt jeden Kontakt zwischen den Eltern und mir nicht zulassen wollte. Ab und zu akzeptierte er einen telefonischen Anruf in seiner Anwesenheit, und ich versuchte, das Verständnis der Eltern für diese für sie so schwierige Situation zu gewinnen. Damit konnte Walter seine Wut und Enttäuschung, die seinem Vater und auch der Stiefmutter galt, zur Sprache bringen, und langsamerhand kam dann auch der Verlust der eigenen Mutter ins Gespräch.

Erna Furman schreibt in ihrem ergreifenden Buch „Ein Kind verwaist" (1977): „In allen Fällen von Verlust und auf allen Altersstufen hängt die Fähigkeit des Kindes, sich der Trauerarbeit hinzugeben, ganz allgemein von zwei Faktoren ab: vom Gefühl der Sicherheit, daß seine Bedürfnisse gleichbleibend befriedigt werden, und vom Fortbestand seiner verbleibenden Beziehungen." Bei Walter zu Hause aber hieß es: „Niemand ist gestorben, alles ist so wie es war." Verschweigen und Verleugnen sollten das Wissen um den Tod von Walter fernhalten. Der Abwehrmechanismus Umkehr der Affekte war bei Walter sichtbar: Die gespielte Sorglosigkeit und die erregte Hyperaktivität, die Verwirrung ganz allgemein waren deutliche Hinweise dafür. Solange sich der Junge mit dem Vater identifizieren und arbeiten, handwerkern konnte, blieben die traurigen Ereignisse – Verlust der Mutter und sein Spitalaufenthalt – abgewehrt. Die Angst um körperliche Beschädigung (Krankheit) wurde ebenfalls in Umkehrung abgewehrt: Er beschädigte Dinge und sich selbst.

Ich muß hier einflechten, daß ich anfangs der Analyse oft versucht war, die Selbstschädigungen und Beschädigungen als Folge von Schuldgefühlen und Strafbedürfnis zu sehen und auch zu deuten. Aber mich hielt Walters Verhalten zurück. Er war in viel zu großer Verwirrung, als daß ich eine klare Deutungsarbeit hätte aufbauen können. Seine auffallende Verwirrung war mir noch nicht verständlich und ich hielt mich darum zurück, in diesem Zeitpunkt auf die Schuldgefühle hinzuweisen. – Schon von Anfang an war ein integraler Bestandteil des Aufrechterhaltens des Kontaktes mit Walter durch Briefe, die wir einander während kürzeren oder längeren Unterbrüchen (Ferien) schrieben. Es schien mir bei Walter nicht nur gerechtfertigt, sondern notwendig, die formale Abstinenz oder Passivität bzw. Unterbrechungen aufzugeben. Denn Walter litt nicht nur unter der Abwesenheit des Analytikers, sondern hatte auch Ängste um ihn, die selbstverständlich mit dem Tod seiner Mutter und seiner Krankheit zusammenhingen. Walter empfand wohl nicht nur Übertragungs-Ängste bei den Unterbrüchen, sondern er vermißte den Analytiker auch als reale Person, als wäre er ein Eltern-Ersatz, von dem er Trennungen nur schmerzlich ertragen kann. Er kommt nicht nur gern zum Analytiker, sondern ist sich zweifellos seiner schmerzhaften Symptome bewußt und ist für die Behandlung stark motiviert. Einmal, nach einer kurzen Krankheit von mir, hatte Walter einen Traum, den er fast überstürzt sogleich zu Stundenbeginn brachte: Ein Haus sei zusammengestürzt und alle Einwohner seien umgekommen.

Die Selbstschädigungen geschahen weiterhin in vielen kleinen Dingen. In dieser Phase – um die 150. Stunde – auf dramatisch-gefährliche Art: Walter hatte schon einmal die Kippe des Lastwagens in Gang gesetzt und die ganze Ladung leerer Flaschen war auf den Garagenplatz herausgerutscht und – man kann schon sagen – in Millionen von Scherben liegen geblieben. Diesmal aber war es schlimmer: Walter kam in die Stunde und war schneeweiß und naß vor Schweiß. Ich fragte sogleich, was geschehen sei. Er setzte sich hin, schaute mich an und konnte nicht sprechen. Er war völlig blockiert. Ich fragte ihn, ob es mit seiner verstorbenen Mutter zu tun hätte. Zuerst schüttelte er den Kopf, dann schaute er mich fragend an und brachte nun allmählich und kaum verständlich hervor, es sei ein Unglück passiert. Er hatte den Lastwagen entsichert (auf dem Parkplatz) und dieser rollte langsam rückwärts auf die Garage zu. Walter konnte nur sitzen bleiben und den Schock des Aufpralls, den Krach der zersplitternden Türen, den schimpfenden Vater und die erschrockenen Leute über sich ergehen lassen – in völliger Apathie. – Mit der Zeit konnten wir erkennen, daß die Blockierung affektiver und kognitiver Art dann eintrat, wenn ihn die Sehnsucht nach der Mutter übermannte – die Sehnsucht, Trost und Schutz bei ihr zu finden. Nach dieser Deutungsarbeit und Erkenntnis wurde es Walter viel eher möglich, die positiven Gefühle in der Übertragung zu bringen und zu verbalisieren. Er gab nun auch seine vermeintliche Unabhängigkeit, seine forcierte Selbstständigkeit auf und erkannte, daß er auf diese Weise die Angst vor Zurückweisung, Enttäuschung und „Herausgeschmissen-werden“ zu vermeiden versuchte. Beim Fortschreiten der Analyse dieser defensiven Haltung erwarb sich Walter mit der Zeit die Möglichkeit, Bitten zu stellen – häufig anfänglich Bitten, womit er sich Ablehnung, Abweisung schuf und Spott herausforderte. (Diese Abwehrform finden wir häufig: sie richtet sich gegen Abweisung, Enttäuschung, Verachtung und Hohn, um tiefer liegende Gefühle nicht aufkommen zu lassen.) Mit der Analyse der Abwehrhaltung, d. h. dem Bedürfnis der passiven Tendenzen, der Vermeidung, wurden die zugrunde liegenden Wünsche in der Regression wiedererweckt und konzentrierten sich in der Übertragung auf den Analytiker. Die Wünsche waren aggressiver Art und bedeuteten für Walter die Bekämpfung seiner Todesängste. Es waren auch Wut und Haß auf den Vater, die im Grunde der Mutter gegolten hatten. Gegen Ende der Analyse, viel später also, kamen diese Haß- und Todeswünsche gegen den Analytiker zur Sprache. Walter aber konnte bald erkennen, er habe Angst, die Gefühle des Analytikers zu stören und zu verletzen; das hieß für Walter

„Alles verlieren, alles kaputtschlagen" nach seiner alten Art, die Todeswünsche abzuwehren. Dies konnte als Teil seiner Übertragungsneurose verstanden werden, da es einer Wiedererweckung alter Gefühle des Allein-gelassen-werdens gleichkam.

*

Die vielfältigen Ursachen, warum Walter seine Gefühle nicht ertragen konnte, wurden im Laufe der Analyse über die Übertragung aufgespürt, wie dies oben beschrieben wurde. Zuerst aber lernte Walter, sich seiner Abwehrmechanismen, seines Schutzwalls bewußt zu werden und im Laufe der Zeit gewann er die Fähigkeit, Gefühle zu erkennen, zu verbalisieren und auch die Trauerarbeit aufzunehmen. Der Grad der Ambivalenz in der Beziehung zum Vater war in diesem Zusammenhang hervortretend: die Ambivalenz hatte als Abwehr zur unmittelbaren Identifizierung mit dem Vater geführt auf der Basis von väterlicher Macht und von Idealisierung, gleichzeitig aber wurde auch Identifizierung mit der sterbenskranken Mutter spürbar, die zu selbststrafendem und selbstschädigendem Verhalten führte.

Ein wichtiger Zugang zu Walters Gefühlen war die Übertragung. Die emotionale Stütze durch den Analytiker war für ihn eine große Hilfe, denn die postivien Gefühle in der Übertragung machten es ihm möglich, eine frühe, herzliche, ich möchte sagen eine gesunde Beziehung zu seiner Mutter wieder zu finden. Hauptsächlich durch die Wochenend- und Ferientrennungen kam es zur Rekonstruktion des Traumas – oder besser der Traumata – der frühen Trennungen und Verluste, natürlich insbesondere derjenige der Mutter und das Rätsel um ihren Tod.

Walter hatte längst zu basteln aufgehört und wollte nur noch sprechen – er war 12 Jahre alt geworden – und lange Zeit betrachtete er seinen Analytiker als Ratgeber, Betreuer, Kameraden, in unserer Sprache als Hilfs-Ich, dem er die aktuellen Nöte bringen konnte. Dazu gehörte, daß er die notwendige Zuwendung von Vater und Mutter vermißte. Dies belastete die Übertragungsbeziehung erheblich – aber Walter konnte die Spezialklasse verlassen und den Anschluß an die Normalschule (mit zwei Jahren Rückstand) finden.

Nach und nach gelang es uns, Walter und mir, die Eltern zur Mitarbeit zu gewinnen, (Walter ging längst nicht mehr ins elterliche Geschäft), und sogleich veränderte sich die Übertragungssituation: Die Angst vor Gefühlen des Traurigseins und des Verlustes war so überaus stark abgewehrt gewesen wegen der gesteigerten Ängste auf allen Ebenen, die jetzt bearbeitet werden konnten: Angst vor Objektverlust in unerträglichem Maße, Angst vor Überwältigung, vor Verschmelzung, vor Kastration im weitesten Sinne. Die Ängste waren wegen des Todesfalles seiner Mutter und seiner gleichzeitigen Operation so bedrohlich geworden, daß sie auch die früheren Trennungen von der Mutter, ihrer Krankheit und ihre Traurigkeit aktivierten. Diese frühen Erlebnisse vervielfachten seine phasenspezifischen Ängste und verstärkten die Abwehrmachanismen gegen Gefühle grenzenloser Trauer und Sehnsucht. In diesem Zusammenhang kamen auch die Ängste vor der Urszene zum Ausdruck: Walter war überzeugt, Vater hätte Mutter verletzt und Krankheit und Tod verursacht.

*

Das dritte Analysenjahr war zugleich dramatisch und schwierig: Walter hatte begonnen, seine Aggressionen gegen den Analytiker zu äußern, anfänglich schüchtern und mit großen Schamgefühlen, und trotz meiner Unterstützung kam es zu einer langen Phase von Depression. Walter blieb im Bett liegen, ging kaum zur Schule und war nur mehr bereit, in die Analyse zu kommen, um, wie er der Mutter sagte, den Analytiker nicht auch noch zu verlieren. Die Stunden gestalteten sich recht eintönig und doch fruchtbar: der libidinöse Aspekt der Gefühle für den Therapeuten, seine Neugier nach sexuellen Inhalten, die heftigen Eifersüchte auf den Analytiker, die Mutter und den Vater spielten nun zusammen mit dem Neid auf den Vater eine große Rolle. Dabei wurde auch die Verschiebung der Gefühle auf die verstorbene Mutter deutlich: Wie weit waren diese Gefühle als Verschiebung auf den Analytiker zu verstehen, wie weit waren sie Rekontruktionen, wie weit aber auch Widerstand, um die Haßgefühle auf die verstorbene Mutter nicht fühlen zu müssen? „Der Tod eines Liebesobjekts pflegt den Anteil der Haßkomponente zu erhöhen, und die Auseinandersetzung damit gehört zum Trauerprozeß (siehe Freud 1913)" (Erna Furman 1977). Immer wieder wurde Walter überströmt von Traurigkeit, saß verloren in seinem Stuhl und wurde fast körperlich ganz klein, so babyhaft, wie er sich wohl damals im Krankenhaus und zu Hause gefühlt haben mußte. Gleichzeitig aber kamen seine Phantasien über Tod, Töten, Kaputtgehen und Zerstören ins Gespräch, und all dies ging einher mit der Depression, einer tiefen Angst vor allen Gefühlen, und immer wieder, diese schlimmen Gefühle könnten dem Analytiker gelten. Gegen Ende der depressiven Phase, nach vielen Monten, meldeten sich seine Ängste vor der totalen Regression – Totalverlust – und vor seinem Bedürfniß, die Bindung an seine primären Objekte zu lockern, ja, überhaupt zu erleben.

Die Lösung aber schien mir nur möglich, wenn der Analytiker als neues Objekt, als neues Liebesobjekt verwendet werden kann, und damit auch als neues Identifizierungsobjekt. Dabei mögen Übertragungselemente eine Rolle spielen, aber im Grunde handelt es sich um neue Identifizierungen, von denen der Patient – speziell im jugendlichen Alter – profitieren kann. Je deutlicher diese Identifizierungen anhielten, desto mehr konnte sich Walter von den usprünglichen Idealen lösen, aber dies ging mit Schmerzen und Trauer vor sich, vor allem, wenn es seine verstorbene Mutter betraf. Gleichzeitig löste sich der depressive Angstaffekt, Walter wurde wieder aktiver und ging regelmäßiger zur Schule. Parallel zu dieser neuen Entwicklung ging auch die Analyse der großen Enttäuschung an der Mutter vor sich, die ihn verlassen hatte. Und ebenso parallel begann die Versöhnung mit der Stiefmutter, die langsamerhand als echter Ersatz für die verlorene Mutter akzeptiert werden konnte, nachdem die Trauerarbeit zusammen mit der Enttäuschung und der Verzweiflung große Teile der Analyse beansprucht hatte. Damit verklang auch die depressive, passiv-resignative Stimmung. Daß dabei die Funktion des Analytikers, eine emotionale Lücke auszufüllen, eine große Rolle spielte, steht wohl außer Zweifel.

*

Für den Abschluß jeder Analyse spielen die früheren Erlebnisse im Zusammenhang mit Verlassen-, mit Im-Stich-Gelassen-werden, von den wichtigen Objekten getrennt oder vernachlässigt werden, eine überaus wichtige Rolle. Dies war bei Walter besonders aktuell, sobald der Abschluß der Analyse auch nur angedeutet wurde. Wir hatten viel Arbeit und Zeit nötig mit der Notwendigkeit, die Reaktionen und Abwehrmechanismen gegen den Objektverlust immer wieder zu verstehen. Dies betraf das Problem der Ablösung von Übertragungsbindungen wie auch der Bindung an das reale Objekt, das der Analytiker für ihn bedeutete. Die Schwierigkeit für Walter, die Analyse abzuschließen – sie hielt uns mehr als ein Jahr in Schach – war zweifellos durch den traumatischen Objektverlust, wie er ihn erlitten hat, mitbedingt und mitbeschwert.

Ich möchte noch einen wichtigen Aspekt der analytischen Arbeit hervorheben, die ich mit Walter leistete: die Versöhnung mit der Stiefmutter. Ich meine, wenn die Angehörigen des Kindes ihm bei seiner Trauer beistehen, schenken sie ihm eine wichtige Seite der Liebe: das Verstehen, das Einfühlen, die Hilfe, die eigene Trauer. Walter aber hatte seine Stiefmutter völlig abgelehnt, und auch ihr war eine Zuwendung nur spärlich möglich. Nun aber, nachdem wir durch die Trauerarbeit einen wesentlichen Anteil der Besetzung, die der verstorbenen Mutter gegolten hatte, frei bekommen hatten, war Walter eher bereit, die Stiefmutter zu akzeptieren und sie als Liebesobjekt zu besetzen.

Aber etwas gefiel ihm garnicht an ihr: sie nehme ihn garnicht ernst. Das Thema Ernstnehmen, Erwachsen-Kind-sein, Macht-Ohnmacht, Abhängigkeit war in letzter Zeit sehr häufig in unseren Gesprächen und Auseinandersetzungen vorgekommen. Ernstnehmen bedeutete für ihn Traurigkeit, denn er schaute mich jedesmal unvermittelt an, wenn er das vom Ernstnehmen, bzw. Nicht-Ernstnehmen der Stiefmutter gesagt hatte und forschte in meinem Gesicht und meinen Augen, wie ich aussehe. Nun sagte ich ihm: „Du erwartest, daß ich traurig bin?“ und er bestätigte dies. Ich deutete Walter die Übertragung: „Du erinnerst Dich wohl an die Traurigkeit Deiner Mutter. Du hast oft Deiner Mutter in die Augen geschaut und hast ihre Traurigkeit gesehen und gespürt. Nun muß die neue Mutter Dich wohl auch so anschauen?“ Walter knurrte hierauf irgendwie und klagte, er werde nie aus seinem Durcheinander heraus kommen, worauf ich ihm sagte, er müsse das Gefühl haben, für die Niedergeschlagenheit seiner Mutter verantwortlich gewesen zu sein. Jetzt straffte sich sein Gesicht, er schaute mich strahlend an und sagte:

„Jetzt machen wir eine Vase für die Mutter (Stiefmutter)!" Er begann zwar mit der Vase, aber es entstand halbwegs eine Art Torso einer Frau, direkt geknetet aus einem Ballen Ton, und in der Nacht hatte Walter einen der seltenen Träume: Er sah seine leibliche Mutter als Skelett im Grab und wurde bitterlich weinend wach. – Jetzt, da er die Stiefmutter zu lieben begann, wurde ihm die Vorstellung des Todes, des endgültigen Verlustes der leiblichen Mutter zur Wirklichkeit und damit auch das Weinen um sie.

Wir schwiegen ein Weilchen, vielleicht auch eine Weile, schauten uns ernst an, und dann sagte ich ihm, mit dem Blick auf den feucht eingeschlagenen Ton, er habe wohl Angst, auch der Stiefmutter etwas anzutun und auch sie müsse dann sterben. Er schaute mich neugierig an, nahm den Ton – den begonnenen Torso – und machte ihn, wenn auch rudimentär, so doch nicht unbegabt, für die Stiefmutter fertig.

Walter kam noch 14 Monate, insgesamt gut vier Jahre zu mir. Im letzten Analysenjahr besuchte mich die Mutter wöchentlich ein bis zweimal. Dies ließ Walter nun zu.

*

Zum Schluß ein kleiner Exkurs, der mir im Zusammenhang mit Walters Analyse berechtigt erscheint. Zur Zeit, da ich mich mit diesem Bericht befaßte, las ich Heisenberg über Niels Bohr und Einstein, voller Bewunderung für Einsteins Kampf, dessen Lebensinhalt war, die Quantentheorie als Basis der Gesamtphysik durchzusetzen. Und dann schrieb er 1954, ein Jahr vor seinem Tode, seinem Freund Besso: „Ich betrachte es als durchaus möglich, daß die Physik nicht auf dem Feldkonzept, das heißt auf kontinuierlichen Strukturen, basiert. In diesem Falle bliebe nichts von meinem Luftschloß übrig, inbegriffen die Gravitationstheorie und der Rest der modernen Physik." Es blieben ihm die von Besso geschriebenen Lessing-Worte (die auch von Freud stammen könnten): „Das Suchen der Wahrheit ist wichtiger als deren gesicherter Besitz."

Ich betrachte die Physik als den Versuch, das Leben zu erklären, in seinen Grundmauern, in seinen Ursprüngen, – und seit Einstein nicht mehr auf mechanistisch-mathematischer Basis, sondern auf dem phantastischen Gebäude seiner Quantentheorie.

Mit Walter hatte ich auch die Aufgabe, die Fragen nach Leben und Tod, Werden und Vergehen, Liebe und Haß, Aufbau und Zerstören, und seine Wahrheit zu suchen – wie dies ja in jeder Analyse zum Focus wird, sofern sie lange und gründlich genug geführt ist. – Der Torso, den Walter (am Schluß meines Berichtes) gestaltete, ist für ihn Ausdruck einer neuen Wahrheit gewesen, einer Wahrheit, die er in der Analyse gefunden hatte. Sie war das vorläufige Resultat seiner Trauerarbeit und der Versöhnung mit der Stiefmutter. Sie brachte ihm zwar Beruhigung, doch zeigt die Tatsache, daß es ein Torso war, den Hinweis, daß es Stückwerk ist, also nicht die Wahrheit, die ganze Wahrheit.

Jetzt, im Zusammenhang mit diesem Bericht, war ich versucht zu forschen, was aus dem „Torso" geworden ist. Aber ich ließ es, weil ich glaube, es gehört nicht zu der Wahrheit, die wir als Analytiker zusammen mit dem Patienten zu suchen haben. Es ist unser Los als Analytiker, ständig die Wahrheit, auch des Patienten historische Wahrheit (Freud) zu suchen – und uns gleichzeitig klar zu werden, daß es immer ein Torso ist, daß wir die Wahrheit nie vollkommen in der Hand haben.

Auch Walter mußte eine Theorie gehabt haben, an der er über Jahre hinaus festhielt: Ich bin blöd, die Welt ist verwirrt. Unsere analytische Arbeit hat ihm geholfen, den Schmerz zu ertragen, diese Theorie aufzugeben. Die analytische Arbeit besteht doch immer in der Hilfe, dem Patienten zu ermöglichen, seine Theorien zu erkennen und den Mut zu finden, neue, ihm und seiner Wahrheit nähere Wege zu finden.

Literatur

Einstein, Albert (1969) Mein Weltbild, Frankfurt .

Furman, Erna (1977) Ein Kind verwaist, Stuttgart (Klett-Cotta).

Heisenberg, Werner: Der Teil und das Ganze, München 1969 (Piper).

Sandler, J., Kennedy, H., Tyson, R. L. (1982) Kinderanalyse, Gespräche mit Anna Freud, Frankfurt (Fischer).

Jaques Berna, Zürcherstr. 160, CH-8800 Thalwil

Trauma und Neurose

Heinz Müller-Pozzi, Zürich

1. Trauma und Entwicklung

Hinsichtlich der psychoanalytischen Definition des Begriffs Trauma – zumindest so weit er im Sinne des sog. Streß- oder Schocktraumas bei Erwachsenen verstanden wird – herrscht erstaunliche Übereinstimmung. Ein Streßtrauma ist ein äußeres Ereignis, das die Reizschranke des Ich durchbricht und die autonomen, integrativen, adaptiven und Abwehrfunktionen des Ich außer Kraft setzt. Traumatisch sind in diesem Sinne v. a. schicksalshafte Ereignisse – Bettelheim (1977, 82 ff. u. 1980) hat dafür den Begriff der Extremsituation geprägt –, die das gewohnte Leben eines Menschen abrupt unterbrechen, ihn in der Regel seiner tragenden Beziehungen berauben und die Kohärenz der verinnerlichten Objektbeziehungen und des Selbst massiv gefährden. Ein Schocktrauma hat meist schwerste psychische Beeinträchtigungen zur Folge, die nicht primär als Reaktivierung frühkindlicher Konflikte verstanden werden können. Wir sprechen vom *akuten* traumatischen Zustand und seinen Folgeerscheinungen.

Viel weniger Einigkeit besteht darüber, was im Entwicklungsgeschehen als Trauma zu fassen ist. Zwar gibt es auch im Leben allzu vieler Kinder katastrophale Ereignisse, die den Charakter einer Extremsituation haben. Trennung durch Krankheit oder Tod eines Elternteils, Unfälle, Krankheit, sexuelle Verführung, Mißhandlung und vieles andere mehr sind oft für das Kind ein Schocktrauma, haben einen akuten traumatischen Zustand zur Folge und bestimmen nachhaltig die weitere Entwicklung des Kindes im allgemeinen und seine Psychopathologie im besonderen. Extreme Erfahrungen dieser Art überwältigen das Ich des Kindes vor allem dann, wenn es niemanden hat, der ihm hilft, die traumatische Erfahrung zu verarbeiten und zu integrieren, wenn – psychoanalytisch ausgedrückt – die Mutter oder andere wichtige Objekte in ihrer Funktion als Reizschutz oder Hilfsich versagen (Kris, 1956; Khan,

1977). Berna hat (S. 88 ff.) ein bewegendes Beispiel dieser Art beschrieben.

Die Problematik von Trauma und Entwicklung stellt sich in voller Schärfe aber erst dort, wo nicht außergewöhnliche Ereignisse traumatisierend wirken, sondern wo die Beziehung der primären Objekte, vorab der Mutter, zu ihrem Kind total oder partiell derart gestört ist, daß diese Beziehung an sich zum Trauma wird. Nicht die extremen Erfahrungen an sich überfordern dann die integrative Fähigkeit eines mehr oder weniger entwickelten Ichs, sondern die mangelhaften, nicht an den Bedürfnissen des Kindes orientierten Objektbeziehungen der Eltern beeinträchtigen oder blockieren gar die gesamte psychische Entwicklung, d.h. die Entwicklung der Objektbeziehungen, der Triebe, des Selbst und des Ich. Es ist daher nicht verwunderlich, daß der Begriff des Traumas in der Psyhopathologie hauptsächlich im Zusammenhang mit frühen und tiefen Störungen auftaucht. Kris (1956) und Sandler (1967) sprechen im Unterschied zum Streß- oder Schocktrauma vom Strain-Trauma, Masud R. Khan (1977) vom kumulativen Trauma. Ich ziehe es vor, vorläufig allgemeiner und deskriptiver einfach vom *Entwicklungstrauma* zu sprechen.

2. Trauma und Konflikt

Kann sich aber überhaupt noch eine Neurose entwickeln, wenn die primären Beziehungen des Kindes an sich traumatisch sind? Die Psychoanalyse versteht Neurose als Konflikt, und Konflikt impliziert immer innere Verarbeitung. Das psychische Trauma ist aber gerade das, was nicht psychisch bearbeitet und schon gar nicht verarbeitet werden kann. Stehen Trauma und Neurose nicht in einem unvereinbaren Widerspruch? In der Tat ist es nur sinnvoll, im Zusammenhang mit einer neurotischen Entwicklung von Trauma zu sprechen, wenn wir davon ausgehen, daß ein Trauma nicht total sein muß, daß ein Entwicklungstrauma ein Partialtrauma sein kann, das ganz bestimmte Bereiche betrifft und diese in traumatisch zu nennender Weise blockiert, während sich andere Bereiche hinlänglich gut oder konflikthaft entwickeln können.

Ich glaube in der Tat, daß uns das Konzept des Traumas helfen kann, ganz bestimmte Schwierigkeiten zu verstehen und zu behandeln, denen wir in gewissen Neurosen begegnen. In manchen Neurosen stoßen wir früher oder später auf einen Kern, dem wir lange emotional nicht näher kommen. Es tut sich eine Problematik auf, die wie ein Fremdkörper innerhalb des Übertragungsgeschehens wirkt, die uns hilflos macht, die jenseits unserer analytischen Möglichkeiten zu liegen scheint, auch wenn wir alle möglichen blinden Flecke und ungelösten Gegenübertragungsprobleme des Analytikers in Rechnung stellen. Es manifestiert sich im Konflikt ein Kern, der kein Konflikt ist, ein Geschehen, das einer ganz anderen Dynamik gehorcht als der Konflikt. Diese spezifischen Schwierigkeiten konfrontieren uns mit der *Dialektik von Trauma und Konflikt in der Neurose.* Daher ist es theoretisch sinnvoll und technisch hilfreich, neben dem Konfliktmodell auch das Entwicklungstrauma und einen zu ihm gehörenden *traumatischen Bereich als genetisches und dynamisches Kozept* zu fassen.

Über die Dynamik im Konflikt will ich nicht viele Worte verlieren. Die Psychoanalyse versteht den psychischen Konflikt als inneren Niederschlag mangelhafter, pathogener früher Objektbeziehungen und – funktional betrachtet – als Garanten der bestmöglichen Balance zwischen Selbst und Umwelt. In welcher Form der Konflikt später seinen Ausdruck findet, – als hysterische Inszenierung, als phobische Angst, als Zwang oder Charakterformation, als narzißtische Persönlichkeitsstörung, als Depression usw. –, immer werden wir im Konfliktgeschehen zumindest Reste einer vitalen Kraft spüren, die der Sicherung eines mehr oder weniger umfassenden und mehr oder weniger befriedigenden Bereiches von Leben dient. Der psychische Konflikt ist eine aktive Beantwortung und Verarbeitung einer bedrohlichen Objektbeziehung. Und im Übertragungsgeschehen bekommen wir dieses Leben zu spüren.

Ganz anders im traumatischen Bereich. Hier begegnet uns das, was das Kind nicht aktiv beantworten konnte, sondern lediglich passiv erlitten hat. Die partiell traumatisierende Beziehung des Objektes zum Kind führt nicht zu einem akuten traumatischen Zustand, sondern schafft eine latent traumatische Situation. Das Kind gerät in einen inneren Notstand, der die emotionale Kontinuität seiner keimenden inneren Welt unterbricht und es inneren Erregungen aussetzt, die sich nicht zum erlebbaren Wunsch formen können, weil die Erfahrung der Objektbeziehung fehlt, innerhalb derer dieser Wunsch Ausdruck und Befriedigung finden könnte. Das Kind kann aber die innere diffuse Spannung auch nicht psychisch bearbeiten, d. h. integrieren oder abwehren, weil ihm kein hinlänglich gutes Objekt als Hilfsich zur Verfügung steht, und sich entsprechende Strukturen nicht bilden können. Das Trauma bleibt ein Fremdkörper innerhalb des psychischen Geschehens. Es bleibt außerhalb der Symbolisierungsmöglichkeiten des Ich. Daher kommt im traumatischen Bereich weder eine verbale noch emotionale Kommunikation zwischen Selbst und Objekt zustande. Das Trauma kann nicht erlebt, sondern nur erlebt, und das heißt, immer wieder neu inszeniert werden (Winnicott, 1974, 105). Die Dynamik des traumatischen Bereichs ist geprägt durch Affektüberschwemmung, automatische Angst, Fixierung an das Trauma und Wiederholungszwang (Freud, 1920 u. 1926).

3. Trauma und Individuation

Welcher Art ist nun im Falle einer Neurose eine solche traumatische Beeinträchtigung, und wo haben wir ihren genetische Ursprung zu suchen? Ich bin weit davon entfernt, diese Frage schlüssig beantworten zu können. Jede Entwicklungsphase hat ihre spezifische Gefahrensituation und ist damit potentiell traumatisch. In den Analysen *der* Neurosen, die mich unausweichlich mit der Dialektik von Trauma und Konflikt konfrontiert haben – und nur von denen werde ich im folgenden ausgehen –, liegt der traumatische Kern in einer tiefgreifenden Beeinträchtigung bestimmter Individuationsbedürfnisse des Kindes durch die Mutter. Im konkreten Einzelfall betrifft das natürlich sehr verschiedene und mehr oder weniger ausgedehnte Bereiche. Die in diesem Sinne traumatisierende Mutter unterdrückt aber immer Impulse, Wünsche, Interessen, Autonomiebestrebungen, die – das erkennt die Mutter intuitiv – das Wesen des Kindes entscheidend prägen würden, wenn sie leben könnten. Sie dürfen aber nicht leben, weil die Realisierung dieser Individuationswünsche des Kindes die Mutter an einer Stelle träfen, die sie selber nicht konflikthaft verarbeiten konnte und kann. Diese Mütter binden ihr Kind nicht symbiotisch-narzißtisch an sich, sonst wäre die Entwicklung einer Neurose wohl nicht mehr möglich. Ja, in gewisser Hinsicht fördern sie die Loslösung, behindern aber die Individuation, weil sie das Kind als getrenntes Objekt zur Bestätigung und Stützung ihrer eigenen Abwehr benötigen.

Genetisch liegt der Ursprung dieser Problematik in der Phase der Differenzierung und der Übungsphase (Mahler, 1978), in einer Zeit also, die für die Entwicklung des Ich, des Selbst, der Triebe und der Objektbeziehungen von lebensentscheidender Bedeutung ist. Das Entwicklungstrauma ist aber kein einmaliges Ereignis, sondern eine traumatisierende Situation, die dauert. Ihren sichtbaren Ausdruck findet sie, gerade beim Neurotiker, oft erst viel später. Was dann aber sichtbar wird, ist nicht ein akuter traumatischer Zustand, sondern ein psychisch gestörtes Kind.

So wurde z. B. eine meiner Patientinnen aus einem fröhlichen, lebenslustigen, witzig-frechen Mädchen im Latenzalter zu einem unscheinbaren, ja duckmäuserischen Mauerblümchen, als sie – unbewußt – gewahr wurde, wie sich ihre depressive Mutter durch ihr fröhliches Wesen im Innersten bedroht fühlte. – Und ein aggressiv-aktiver, unternehmungslustiger und forscher Junge wurde zu einem stillen, zahmen „Stubenhocker“ und „Muttersöhnchen“, ja zu einem „lieben Engelein“ – so fantasierte er sich oft in seinen Tagträumen –, als er – wiederum zutiefst unbewußt – wahrzunehmen begann, daß die Mutter den Jungen in ihm töten wollte. Später stellte sich heraus, daß er tatsächlich ein Mädchen hätte sein sollen. Die Eltern hatten bei seiner Geburt nicht einmal einen Namen für ihn bereit. So wurde zufällig aus einer Regula ein Reto.

4. Abwehr des Traumas durch Identifizierung mit der traumatisierenden Mutter

Im traumatischen Bereich, wie eng oder weit er auch sein mag, können sich – im Gegensatz zum Konfliktbereich – keine Abwehrmechanismen entwickeln. So lange aber genügend Entwicklungsmöglichkeiten außerhalb des traumatischen Bereiches bestehen – und das ist beim Neurotiker immer der Fall –, wird das Kind alle seine Kräfte dafür einsetzen, die traumatische Situation zu vermeiden, das Trauma abzuwehren. Es gibt jedoch nur zwei Wege aus der Gefahr: Regression oder Flucht nach vorn, Progression. In der Phase der frühen Trennung besteht aber noch keine funktionstüchtige Abwehrorganisation, auf die das Kind rekurrieren könnte. Eine regressive Abwehr dieses Traumas ist darum „sinnlos", denn jede Vorwärtsentwicklung würde das Kind unweigerlich wieder in die traumatische Situation hineinführen. Die regressive Abwehr hätte also eine dauernde Fixierung der vortraumatischen Situation und damit die Blockierung der *gesamten* psychischen Entwicklung zur Folge. Vielleicht kann man manche frühkindlichen Psychosen, wie sie z. B. Mahler (1972) und Bettelheim (1977) beschrieben haben, als regressive Abwehr eines frühen Traumas verstehen.

Die neurotisch traumatisierende Mutter, die ich eben in allgemeinen Zügen skizziert habe, läßt aber die Trennung zu und ermöglich damit eine progressive Reaktion auf das Trauma. Das Kind kann den Weg der – wenn auch verfrühten und spezifisch gefärbten – Triangulierung gehen. Ja, es flüchtet geradezu aus der traumatisierenden Zweierbeziehung in den triangulären Bereich und damit auf ein Niveau der Objektbeziehungen, auf dem strukturelle Konflikte erst möglich werden.

Diese Lösung, die an sich dem Weg der gesunden Entwicklung folgt, hat aber ihren Preis. Die absolute Notwendigkeit, die traumatische Situation zu vermeiden, behindert das Kind an einer wirklichen Individuation und erschwert den Aufbau einer Objektbeziehung zur Mutter als einem Ganzobjekt. Die Triangulierung mündet nicht in die Wiederannäherung, sondern führt zu einer *globalen Identifizierung mit der traumatisierenden Mutter;* genauer: zu einer undifferenzierten, pathologischen Identifizierung mit den traumatisierenden Aspekten der Mutter.

Allein diese Identifizierung gibt dem Kind eine minimale Sicherheit, von der Mutter nicht verlassen zu werden, was das absolute Trauma bedeuten und die gesamte Entwicklung, ja das Leben überhaupt gefährden würde. Unter diesen Umständen kann die schrittweise Desillusionierung an der allmächtigen Mutter nicht adäquat voranschreiten. Anstelle einer eigentlichen Objektbeziehung wird via Identifikation Einheit mit ihr vorgetäuscht. Das schafft ein dauerndes Gefühl, sowohl von der Mutter abhängig, als auch für sie verantwortlich zu sein.

In Wechselwirkung damit bleiben aber auch die Konturen des dritten Objektes und der intrapsychischen triangulären Struktur unscharf. Einmal, weil das Kind versucht ist, dem dritten Objekt Züge des primären Objektes zu verleihen. Zum andern – und das ist wohl die besondere Tragik dieser spezifischen Entwicklung – weil die Identifikation mit der Mutter oft auch das Bild einschließt, das *sie* vom Vater hat. So ist es dem Kind erschwert, seine *eigenen* Erfahrungen mit dem Vater zu machen.

In der Folge gehört es zur spezifischen Abwehr solcher Patienten, daß sie dauernd auf der Suche nach Personen sind, die die Funktion des dritten Objektes wieder übernehmen und besser erfüllen als früher der Vater. Was uns als „idealisierende Übertragung“ begegnet, ist diese Wiederherstellung oder Neugestaltung der Beziehung zu einem dritten Objekt, das dem Erleben und Tun des Analysanden erst Sinn und Bedeutung verleiht.

Solche Übertragungsverläufe lassen uns erleben, wie eine früh forcierte und unzulängliche Triangulierung und die damit verbundene progressive Ich-Entwicklung unweigerlich auf Kosten des emotionalen Erlebens geht. Das Kind kann die Phasen der libidinösen Entwicklung nicht adäquat durchlaufen, und die entsprechenden Lustqualitäten und Affektdispositionen nicht erleben und ausbilden, welche die Grundlage späteren Erlebnisreichtums sein müßten.

Freudlosigkeit, affektive Indifferenz, depressiv anmutende Grundstimmung, Unfähigkeit, den eigenen Körper und das eigene Tun zu genießen, das Unvermögen, auf andere emotional spontan und herzlich zu reagieren und Herzlichkeit von andern annehmen zu können, sind charakteristische Merkmale solcher Patienten. Allem was sie tun, scheint die libidinöse und narzißtische Besetzung zu fehlen.

5. Die Manifestation des traumatischen Bereiches in der Übertragung

Wie nun stellt sich eine Neurose mit dem beschriebenen traumatischen Kern in der analytischen Situation dar? Alle Patienten dieser Art, die ich bisher behandelt habe, zeigen bei den größten Verschiedenheiten ihres persönlichen Schicksals, ihres Charakters und ihrer Pathologie einige verblüffende Ähnlichkeiten. Alle leiden zentral an ihrer Unfähigkeit, konstante Partnerbeziehungen einzugehen, und dieses Problem widersteht der analytischen Arbeit meist auch am längsten. – Umgekehrt habe ich bei Patienten, die stabile Partnerbeziehungen haben, diesen Aspekt der traumatisierenden Mutter nie gefunden. – Alle haben eine oder mehrere enttäuschende Partnerbeziehungen hinter sich, und es fällt die Auflösung zumindest einer solcher Beziehung in die Zeit der Analyse.

Bei allen ist die Bearbeitung von Trennungsproblemen besonders schwierig, und die Auseinandersetzung mit Abbruch, Unterbruch oder vorzeitigem Abschluß der Analyse spielt in unterschiedlicher Form und unterschiedlichem Ausmaß eine erhebliche Rolle. Alle verfügen über eine gute, funktionstüchtige Abwehr auf dem Niveau der Gegenbesetzung. Es sind aktive, oft kreative Menschen. Entsprechend ihrem objektalen, ödipalen Übertragungsangebot entwickelt sich eine Übertragungsneurose, deren Bearbeitung lange im Medium von positiver und negativer Vaterübertragung verläuft. Die Mutter kommt hauptsächlich als die fordernde emotional indifferente Mutter in die Übertragung. Die Arbeit mit diesen Patienten ist lebhaft, interessant, differenziert und macht rasch gute Fortschritte.

Daneben manifestiert sich aber früher oder später, mehr oder weniger umfangreich und ausgeprägt, in irgend einer Form, diese ganz andere Dynamik, wie ich sie oben als die Dynamik des traumatischen Bereiches skizziert habe. Es gibt Zeiten, die Minuten oder Stunden dauern können, in denen ohne sichtlichen Zusammenhang mit dem aktuellen analytischen Geschehen der emotionale Faden reißt, sich z. B. beim Analytiker Irritation und Langeweile breit machen. Was der Analysand auch erzählt, es bleibt flach und scheint bedeutungslos. Alle Versuche scheitern, das Geschehen zu verstehen und zu deuten, wenn der Analytiker es nicht zuerst und vielleicht langezeit als die *eine* Mitteilung verstehen kann: Noli me tangere!

M. a. W. der traumatische Bereich manifestiert sich in der Analyse langezeit negativ, indem er ausgeklammert bleibt, und indem der Analysand gleichzeitig immer wieder darstellt, daß etwas unberührt bleibt und – vorläufig – bleiben muß. Diese Ausklammerung kann in unzähligen Formen und Varianten auftreten: Der Patient bringt in auffallender Weise bestimmte Bereiche seines Lebens nicht oder kaum zur Sprache. Ein anderer berichtet Erlebnisse aus der Kindheit, denen er rational durchaus prägenden Einfluß zuerkennt, aber keine dazu passenden Gefühle verspürt. Oder ein Analysand berichtet eine Erinnerung, die bisher Unverstandenes schlagartig zu einer sinnvollen und verstehbaren Gestalt zusammenfügt. Deutet der Analytiker, kann der Analysand, der sonst flexibel auf Deutungen reagiert, den so evidenten Zusammenhang nicht sehen und er bezweifelt, verneint oder verleugnet jede Bedeutung der mitgeteilten Erinnerung. – Ein Analysand erzählt von seinen Kinderspielen an der Reuss. Er berichtet anschaulich und erlebnisnah, wie sie jeweils auf Autoreifen den Fluß hinabgepaddelt sind. Dann fällt ihm ein, wie er einmal in einen Strudel geraten ist und um ein Haar ertrunken wäre. Er teilt das ohne jede Gemütsbewegung mit. Ich dagegen spüre heftige Gefühle in mir aufsteigen und wiederhole: „Sie wären fast ums Leben gekommen und berichten das wie ein kleines Malheur beim Spielen." Seine Antwort: „Das war es ja auch." Nach einer Pause fügt er ohne jede ironisierende Distanz hinzu: „Dann wäre endlich ein Esser weniger am Tisch gewesen." Ich bin erschüttert, lasse ihn das spüren und zeige, wie vieles das verständlich machen kann. Er begreift meine Reaktion überhaupt nicht. Und jetzt ist Sarkasmus, Hohn und Wut in seiner Stimme, als er antwortet: „Sie kommen mir vor wie einer, der sich heute darüber aufregt, daß das Pfund Brot vor zwanzig Jahren zehn Rappen aufgeschlagen hat!"

Oder Herr F., von dem ich später noch eine Sequenz berichten werde, lag zu Zeiten auf der Couch wie eine Leiche im Sarg und sprach monoton, zwar kohärent aber kaum verständlich irgend etwas vor sich hin, ohne jeden Bezug zu mir. Es bedurfte einer ungeheuren inneren

Anstrengung meinerseits, um ihm überhaupt zu folgen und den emotionalen Rapport wieder herzustellen.

Aber handelt es sich dabei nicht schlicht und einfach um Abwehr wie Verleugnung, Affektisolierung, Verkehrung ins Gegenteil, die sich im Übertragungswiderstand kundtut? Zweifellos sind wir in solchen Situationen mit Abwehr und Übertragungswiderstand konfrontiert. Es ist aber Abwehr des Traumas und nicht Abwehr innerhalb des Konfliktgeschehens. Die Störung des affektiven Erlebens in solchen Schilderungen und Übertragungssituationen, die bisweilen gar als Affektlosigkeit erscheint, fühlt sich deutlich anders an als z. B. eine zwangsneurotische Affektisolierung und weckt andere Gegenübertragungsgefühle.

Versteht und deutet der Analytiker diese Abwehr und Übertragungswiderstände im Sinne der Konfliktpsychologie, artet das analytische Geschehen leicht in eine heillose Verwirrung von scheinbar negativer Übertragung und Gegenübertragung aus. Dahinter lauert Angst, ja mitunter Panik. Kann der Analytiker diese Situation nicht früh genug auflösen, indem er den vermeintlichen Widerstand als Ausdruck des „Noli me tangere" versteht und akzeptiert, endet die Geschichte entweder damit, daß sich der Analysand dem Analytiker anpaßt, weil er ihn nicht verlieren will, es sich u. U. gar nicht leisten kann, ihn zu verlieren, wie er es sich früher nicht hat leisten können, seine Mutter zu verlieren. Damit vollzieht er in der Übertragung erneut die Identifikation mit der traumatisierenden Mutter. Oder – wenn er stark genug ist – bricht er die Analyse ab. Das ist oft für ihn und den Analytiker die bessere Lösung.

Akzeptiert dagegen der Analytiker diesen unberührbaren Bereich als unberührbar, nimmt er die Angst und die drohende Panik des Patienten ernst, ohne selber in Angst zu verfallen, dann setzt sich die fruchtbare Arbeit im Konfliktbereich fort, im stillen Einverständnis, daß da noch etwas ist, das nicht berührt werden kann, etwas, wofür es noch keine diskursive Sprache gibt. Diese unbewußte averbale Übereinkunft von „Wissen" und nicht Berühren bei gleichzeitiger kooperativer Arbeit an den Konflikten vermittelt dem Analysanden allmählich die Gewißheit, daß ihn die analytische Situation – komme was da wolle – nicht der traumatischen Situation ausliefern wird.

6. Die Wiederbelebung der traumatischen Situation in der Übertragung

Erst wenn der Analysand diese Gewißheit gewonnen hat, wird er sich schließlich auch den traumatischen Erfahrungen seiner Kindheit annähern können. Das wird er oft dadurch ankünden, daß er jetzt mitunter positive Veränderungen in seinem realen Leben berichtet – Informationen, mit denen er bisher aus verständlichen Gründen gekargt hat. Das frühe Trauma bestand ja darin, daß die Mutter nicht zuließ, daß er sein eigenes Leben zu leben begann. Und woher soll der Analysand die Gewißheit nehmen, daß der Analytiker zuläßt, ja freudig begrüßt, was die Mutter total blockiert hat, wenn nicht aus einer langen gemeinsamen Arbeit im Bereich der Konflikte, d. h. im Bereich der sicher funktionierenden Abwehr? Vielleicht wird jetzt die Angst des Analysanden vor dem Neid des Analytikers zur Sprache kommen, die Angst auch, was geschehen könnte, wenn er nicht mehr Einheit mit dem gebenden Analytiker vortäuscht. Wie auch immer – bei allen diesen Patienten wird jetzt die Mutter auf eine andere Weise als bisher zur Sprache kommen und die Übertragung prägen. Im Vergleich zu den sonst plastischen und einfühlbaren Schilderungen blieb das Bild der Mutter lange stereotyp, ohne Konturen. Die Beziehung des Patienten zu seiner Mutter, so weit sie überhaupt zur Sprache kam, erschien ohne Leben, emotional farblos und unbedeutend.

Die Analyse einer Neurose, hinter der sich letztlich der geschilderte traumatische Kern verbirgt, wird dann auf die härteste Probe gestellt, wenn die Identifikation mit der Mutter die Übertragung aktiv zu bestimmen beginnt, sich der Konflikt dem Trauma nähert oder das Trauma mehr und mehr in den Konflikt hineinragt. Und wir werden öfter als uns lieb ist, eine Analyse abschließen müssen, ohne diesen letzten Kern analysieren zu können. Herr F. z. B. wollte an diesem Punkt die Analyse beenden. Wir hätten ja so viel erreicht, und er sei mir ja so dankbar. Vielleicht sei es einfach sein Kreuz, das er tragen müsse, ohne Frauenliebe durchs Leben zu kommen. – Er hatte die sehnlichst gewünschte feste Partnerbeziehung noch nicht gefunden. Erneut tauchen alte Ängste auf, ich könnte, wenn wir weiterarbeiteten, schließlich doch noch zum Schluß kommen, mich in ihm getäuscht zu haben und mich enttäuscht von ihm abwenden.

Arbeitet man an diesem Punkt konsequent analytisch weiter, überträgt der Analysand nicht mehr, wie in den bisherigen Phasen von Mutterübertragung, die fordernde, verbietende, abwesende, keifende Mutter auf den Analytiker, sondern *er* ist die fordernde, verbietende, unbefriedigte, depressive, kranke, keifende Mutter und versetzt den Analytiker in die Rolle des traumatisierten hilflosen Kindes. Es wird dem Analysanden in der Analyse und im Leben schlecht gehen, wie es seiner Mutter schlecht gegangen ist. Er wird die ganze bisherige Arbeit nochmals und anders als in früheren Phasen negativer Übertragung grundsätzlich in Frage stellen. Vielleicht leugnet er nicht einmal die Fortschritte und Veränderungen, die ihm die Analyse gebracht hat. „Aber was soll's?!", meint z. B. Herr F. enttäuscht, „glücklicher bin ich nicht geworden." Er verfällt wieder in seine starre Haltung und redet in jammerndem Ton von seiner Depression, Traurigkeit und Einsamkeit. Es ist der Analyse zwar gelungen, seinem Leben Inhalt, nicht aber Sinn zu geben.

7. Das Durcharbeiten der Identifikation mit der Mutter

In dieser Phase der Arbeit wird viel und kritisch von der bisherigen Analyse die Rede sein. Und indem der Analysand die Geschichte der Konfliktanalyse, die sich auf ödipaler oder zumindest triangulärer Ebene abgespielt hat, in der neuen Übertragung einer präödipalen Zweierbeziehung rekapituliert, stellt er gleichzeitig sein frühkindliches Schicksal und sein frühes Trauma dar: Er stellt dar, was ohne seine progressive Abwehr und ohne seine Fähigkeit zur konflikthaften Verarbeitung aus ihm geworden wäre. Wenn der Analytiker das jetzt nicht erkennen kann, oder wenn er es jetzt nicht wagt, das Unberührbare zu berühren, dann allerdings wird es böse enden. Der Analysand bringt den Analytiker an einen Punkt totaler Hilflosigkeit, an dem er die Analyse gescheitert glaubt. Er vermittelt dem Analytiker seine Gefühle der präödipalen Mutter gegenüber, die sich durch die libidinöse, aggressive und narzißtische Entfaltung des Kindes existentiell bedroht fühlte, und im Dienste ihrer Abwehr bestimmte Individuationswünsche des Kindes offen oder versteckt, aktiv oder passiv, aber immer in einem traumatischen Ausmaß unterdrückt hat. In der Übertragung entsteht eine Situation, in der alle bisher erfolgreichen Techniken der Konfliktbearbeitung versagen. Es ist, als ob der Analysand sagte: An dem Punkt, an dem du jetzt mit mir bist, war ich einmal mit meiner Mutter. Wie ich mich daraus gerettet habe, wissen wir nun. Weißt du eine andere, bessere Lösung?

Wir sehen uns also in dieser Phase mit dem Problem der Bearbeitung einer Übertragung konfrontiert, in der wir eine frühe Selbstvorstellung des Patienten übernehmen müssen. Das ist nicht zu verwechseln mit Kohuts Selbstobjekt-Übertragung. Es ist eine gut bekannte Tatsache, daß abwechselnd Objektvorstellungen und Selbstbilder auf den Analytiker übertragen werden. „Zu Zeiten reaktiviert der Patient, indem er eine Eltern-Objekt-Vorstellung auf den Analytiker projiziert, in der Interaktion mit dieser Übertragungsgestalt eine Selbstvorstellung; zu andern Zeiten identifiziert sich der Patient während er die Selbstvorstellung auf den Analytiker projiziert, mit der entsprechenden Elternvorstellung" (Kernberg, 1981, 82).

Im Bereich der Konflikte mögen sich die beiden Formen abwechseln, es dominiert aber eindeutig die Übertragung von Objektvorstellungen auf den Analytiker. Es ist das, was wir gemeinhin eine „objektale Übertragung" nennen. Die traumatisierende Beziehung der Mutter zum Kind, die der Patient passiv erlitten hat, kann er in der Übertragung nur darstellen, indem er das früher passiv Erlittene in der Gegenwart aktiv inszeniert. Nur wenn der Analytiker diese Übertragung annimmt, kann die Wiederholung des Traumas in der Analyse zur Rekonstruktion des Traumas führen. Der Analysand kann die traumatische Situation lebendig werden lassen, indem er zuerst den Analytiker die traumatischen Gefühle wiedererleben läßt, in der Gewißheit, die er in der Bearbeitung der Konflikte gewonnen hat, daß dieser nicht zugrunde geht.

Es wird bereits deutlich geworden sein, mit welchen Gegenübertragungsgefühlen der Analytiker in diesen Situationen zu kämpfen hat. So vielfältig sie sein mögen, ist ihr Kern ein mehr oder weniger ausgeprägtes und bedrohliches Gefühl, gescheitert zu sein, dem Analysanden nicht geben zu können, was er braucht, ihm das Wichtigste schuldig geblieben zu sein, Schuldgefühle über die lange Analyse, Angst vor Abbruch in dieser Situation. Gleichzeitig macht sich ein Drang bemerkbar, zum Patienten besonders nett zu sein, um ihn zu werben, wie er früher um die Mutter geworben hat, das Bedürfnis, sich ihm als die endlich gefundene gute Mutter anzubieten. Der Analytiker hat das Gefühl, etwas Bestimmtes für ihn tun zu wollen und auch tun zu müssen. Oder umgekehrt droht er in Untätigkeit und Lethargie zu versinken.

Wenn es jetzt aber gelingt, diese Übertragungssituation als Identifikation mit der traumatisierenden Mutter zu deuten und von den Gegenübertragungsgefühlen her die Brücke zu den nie erlebten Gefühlen des traumatisierten Kindes zu schlagen, ändert sich die Situation oft schlagartig. Dann stehen wir plötzlich mitten in der Rekonstruktion des Traumas und dem Durcharbeiten der Abwehr des Traumas. Daß dies ein langer Weg ist, und daß sich Konfliktbearbeitung und Arbeit am Trauma dauernd verschränken, liegt auf der Hand. Vielleicht vermag aber bereits eine kleine, fast möchte ich sagen unscheinbare Sequenz einer Analyse in etwa die Art dieser Arbeit spüren zu lassen.

Herr F. wuchs mit einer Mutter auf, die zwar äußerlich korrekt für ihre Kinder sorgte, aber eine absolut trostlose Stimmung verbreitete, die im vornherein jede eigenständige Regung der Kinder vermieste und damit – zumindest innerhalb der Familie – verunmöglichte. Ihr Lebensgefühl war: das Leben ist Arbeit und Mühsal; ein Lebensgefühl, das sie religiös abstützte, und dem sich die Kinder zu beugen hatten, sonst wurden sie von der Mutter fallengelassen. Herr F. hat sich beruflich und sozial zu einem geachteten, aktiven und sensiblen Menschen entwickelt. Aber er brachte alles nur unter mühseligsten Anstrengungen zustande. Er hat als Gemeindehelfer in einer typischen „Schlafgemeinde“ aus dem Nichts eine blühende Jugendarbeit aufgebaut. Seinen Erfolg kann er wohl sehen, nicht aber libidinös und narzißtisch besetzen. Obwohl allerorts beliebt, fristet er im grunde ein glück- und freudloses Dasein.

Bei einem Pfarrwechsel kommt es zu erheblichen Spannungen zwischen dem neuen Amtsinhaber und ihm. Der kontaktarme und daher in seinem Beruf glück- und erfolglose Pfarrer erlebt seinen erfolgreichen Gemeindehelfer deutlich als Bedrohung und will ihn mit formalistischen Schikanen an die Kandare nehmen. In einer Sitzung der Kirchenpflege mit dem Pfarrer und ihm sollen die Differenzen bereinigt werden. Er hat gräßliche Angst vor dieser Auseinandersetzung. Er fürchtet, er könnte sich wieder, wie dies früher jeweils der Fall gewesen war, zu rechtfertigen versuchen, um Gunst werben, unbefriedigende Kompromisse eingehen und sich letztlich dem neuen Vorgesetzten unterwerfen.

Er kommt tatsächlich niedergeschlagen zur ersten Stunde nach dieser Sitzung. Er schildert mir, wie es ihm nach einem ruhigen und sachlichen Beginn einfach „ausgehängt" habe; er sei ausfällig geworden und habe taktisch unklug reagiert und viel Porzellan zerschlagen. Zerknirscht erzählt er ausführlich den Verlauf der Auseinandersetzung – und ich habe ein irrsinnig gutes Gefühl dabei, das in krassem Widerspruch zu seiner Niedergeschlagenheit steht. Nach und nach können wir aufarbeiten, daß all das, was er befürchtet hat, nicht eingetreten ist. Im Gegenteil: er hat sich profiliert, als sein Werk dargestellt, was wirklich sein Werk ist, und sich dafür exponiert, ohne seinen Chef unnütz anzugreifen, aber auch ohne ihn zu schonen. Diese Art des Umgangs mit sich selbst und mit andern ist ihm noch so unvertraut, daß er gefühlsmäßig vorerst gar nicht damit zurecht kommen konnte. In neuem Lichte zu sehen, was diese Auseinandersetzung für ihn eigentlich bedeutet hat, ist für ihn ein befreiendes Erlebnis. Erhobenen Hauptes geht er aus der Stunde.

Darauf folgen zwei total veränderte Stunden, die wieder ganz der Art entsprechen, in der er schon früher den traumatischen Bereich in der Analyse dargestellt hat. Er liegt wieder auf der Couch wie eine Leiche im Sarg, nuschelt vor sich hin, ohne Kontakt zu mir. Der Grundtenor dieser für mich fast unerträglichen Stunden ist etwa: Es ist doch alles sinnlos. Wieder hat sich erwiesen, daß man mich nirgends will. Ich kann den Dreck machen, dann bin ich überflüssig. Wenn ich jemanden brauchen würde, bin ich allein. Was nützt all das, was mir die Analyse gebracht hat? Habe ich deswegen etwa eine Frau und Kinder? Man lädt mich zum Essen ein, jaja, aber mehr will man mit mir nicht zu tun haben. Usw. usw.

Früher wäre eine solche Stimmung nicht zu durchbrechen gewesen. Im besten Fall hätte ich ihn aus dem traumatischen Bereich wieder in den Konfliktbereich hinüberholen können. Jetzt wäre das falsch. Die

Konflikte, die im Zusammenhang mit seiner Arbeit eine wesentliche Rolle gespielt haben, sind durchgearbeitet, und daß er damit zurecht kommt, hat er mir gezeigt. Er läßt mich spüren: Jetzt ist der traumatische Bereich selber konfliktfähig geworden.

In dieser Überzeugung deute ich Herrn F. – und es ist dies nicht das erstemal – ganz direkt die Identifikation mit der traumatisierenden Mutter. Meine verschiedenen Interventionen dieser Stunde lassen sich etwa in folgenden Worten zusammenfassen: „Ich habe geradezu den Eindruck, jetzt Ihre Mutter zu hören. Das sind nicht Sie, der für sich und seine Sache kämpft, sondern die Mutter, die seufzt: Es ist alles eitel unter der Sonne. Und Sie vermitteln mir jetzt, wie schon so oft, etwas von dem Gefühl, das Sie Ihrer Mutter gegenüber hatten. Das Gefühl nämlich, für das trostlose Leben Ihrer Mutter verantwortlich zu sein und etwas für Sie tun zu müssen." Er sagt nicht viel, geht aber nachdenklich aus der Stunde.

Am nächsten Tag kommt er völlig verändert zur Stunde. Aufgeräumt, unbefangen und locker, in unmittelbarem Kontakt zu mir berichtet er von spontanen Kontakten mit einigen Kindern, von einem guten Gespräch mit einer Mutter und über eine schwierige Angelegenheit, in der er sich jemandem gegenüber, von dem er sich früher total blockieren ließ, durchgesetzt hat. Ich komme auf die vorhergehende Stunde zurück und deute ihm die „Entidentifizierung" mit der Mutter: „Sie spüren immer deutlicher, wie lange Sie insgeheim sein mußten wie Ihre Mutter, um sie nicht zu verlieren. Jetzt entdecken Sie allmählich, daß Sie das nicht mehr müssen. Sie können sich selber Raum lassen, ohne die ewige Angst, dann passiere etwas Unvorhergesehenes. Die Befreiung, die Sie jetzt verspüren, kommt daher, daß Sie nun unterscheiden können, welches wirklich *Ihre* Probleme sind, und welches diejenigen Ihrer Mutter."

Nach einer Pause sagt er: „In letzter Zeit sind Sie immer wieder auf meine Mutter gekommen. Für mich jedesmals völlig überraschend. Aber es hat jedesmal getroffen." In der Folge rollen wir viel aus seiner Vergangenheit neu auf. Wir können jetzt aufarbeiten, daß seine vermeintliche Depression die Depression seiner Mutter ist, die jede Lust und Freude am Leben abgewürgt hat, so daß sich weder libidinöse, noch aggressive noch narzißtische Gefühle entfalten konnten. Er beginnt zu verstehen, daß er nur überleben und ein Minimum an Beziehung zur Mutter aufrechterhalten konnte, indem er wurde wie sie. Jetzt kann er sich erstmals spontan in eine Frau verlieben, ohne schon dauernd besorgt zu sein, ob das wohl eine feste Partnerschaft geben würde. Jetzt kann er sich mir auch widersetzen, kann abwägen, was er annehmen will und was nicht. Es hat etwas begonnen, von dem ich mir lange Zeit nicht hätte träumen lassen, daß es in dieser Analyse möglich wäre.

8. Deckerinnerung und reales Erlebnis

Ich habe nur eine kurze Sequenz aus einer langen Analysenphase geschildert. Ich hoffe aber, keinen Zweifel darüber gelassen zu haben, daß hinter den Übertragungsmanifestationen der traumatischen Situation reales früheres Erleben steht. Die Rekonstruktion des Traumas ist die Rekonstruktion einer „realen Szene". Was in der Übertragung dargestellt wird, ist aber nicht die reale Szene, sondern sind Deckerinnerungen. Die Deckerinnerungen gehören aber dem Konfliktbereich an. Die Deckerinnerung schiebt sich nicht lediglich über ein andere, sie schiebt sich auch über das „historische Ereignis", sie „deckt" das historische Ereignis. Die Deckerinnerung ist, um einen frühen Begriff Freuds in diesem Zusammenhang aufzunehmen, ein Erinnerungssymbol, das Erinnerungssymbol einer traumatischen Erfahrung.

Rekonstruktion des Entwicklungstraumas bleibt also immer Rekonstruktion dessen, was Freud die „psychische Realität" genannt hat. Sie ist nie Rekonstruktion eines „historischen Ereignisses". Die Realität, auf die wir stoßen, sind immer das *Objekt* und die *Objektbeziehung* des Kindes, die traumatisch waren. Wir erreichen nie das „Selbst" im Objekt als „Zentrum eigener Wahrnehmung und Initiative" (Kohut). Etwas anderes zu erwarten, hieße den Boden einer dynamischen Psychologie zu verlassen. Würden wir anderseits den Deckerinnerungen den Realitätsgehalt, ihre unlösbare Verknüpfung mit der „intersubjektiven" Realität absprechen, gelangten wir gar nicht erst auf den Boden einer dynamischen Psychologie, die diesen Namen verdient.

9. „Du sollst nicht merken“

Es wäre interessant, das skizzierte Konzept eines traumatischen Bereiches mit anderen Konzepten zu konfrontieren, etwa mit dem Konzept der Grundstörung von Balint, oder dem ichpsychologischen Modell des „Strukturdefekts“, oder dem Konzept der Desintegration des Selbst der Selbstpsychologie. Das muß ich aus verständlichen Gründen künftigen Arbeiten vorbehalten. Wir können aber wohl kaum im Jahr 1982 eine deutschsprachige psychoanalytische Arbeitstagung zum Thema „Trauma, Konflikt, Deckerinnerung“ abhalten, ohne das neuste Buch von Alice Miller „Du sollst nicht merken“ zu erwähnen.

Dieses Buch zeigt eindringlich, daß das unverarbeitbare, unintegrierbare, passiv erlittene Trauma keine andere Sprache kennt als den Wiederholungszwang, und wie verhängnisvoll es ist, wenn man die Inszenierung einer traumatischen Erfahrung in der analytischen Situation als Widerstand, d. h. als Konflikt deutet. Wenn sich jedoch der Analytiker, wie Alice Miller postuliert, ganz und nur mit dem mißhandelten, traumatisierten Kinde identifiziert und nicht ebenso mit dem abwehrenden Kind, gerät er in die umgekehrte Gefahr, nämlich als Trauma zu behandeln, was ein Konflikt ist. Damit vernachlässigt er den adaptiven Aspekt des Konfliktes und wird der Lebensleistung, die der Konflikt für den Patienten immer auch bedeutet, nicht gerecht.

Es ist aus zwei Gründen schwierig, sich psychoanalytisch mit dem Werk von Alice Miller auseinanderzusetzen. Einmal, weil sie drei Dinge vermischt, die zwar in einem unlösbaren Wechselverhältnis stehen, aber doch deutlich unterschieden werden müssen: Nämlich die psychoanalytische Haltung, die psychoanalytische Technik und die psychoanalytische Theorie. Diese Vermischung führt sie auf den Boden einer deskriptiven, phänomenologischen Psychologie, und das ist ein ganz anderer wissenschaftlicher Bezugsrahmen als der der psychoanalytischen Psychologie. Zum andern ist es schwierig, sich mit ihrem Buch auseinanderzusetzen, weil das Verständnis der Trieb-, Struktur- und Konfliktpsychologie, das sie kritisiert, nicht das psychoanalytische ist. Ihrem Mißverständnis der psychoanalytischen Trieb- und Konflikttheorie fällt dann leider auch die Unterscheidung der „Konfliktdynmaik“ und der „Dynmaik des Traumas“ in der Neurose zum Opfer.

Meinen Versuch, diese unterschiedliche Dynamik psychoanalytisch zu konzeptualisieren, verstehe ich auch als eine Antwort auf das Buch von Alice Miller.

Literatur

Bettelheim, B.: Die Geburt des Selbst. München, Kindler, 1977

Bettelheim, B.: Erziehung zum Überleben. Stuttgart, DVA, 1980.

Freud, S.: Jenseits des Lustprinzips. GW 13, 1920.

Freud, S.: Hemmung, Symptom und Angst. GW 14, 1926.

Furst, S. S. (Ed.): Psychic Trauma. New York, Basic Books, 1967.

Kahn, M. Masud R.: Selbsterfahrung in der Therapie. München, Kindler, 1977.

Kernberg, O. F.: Objektbeziehungen und Praxis der Psychoanalyse. Stuttgart, Klett-Cotta, 1981.

Kris, E.: The recovery of childhood memories in psychoanalysis. Psychoanal. Study Child, 1956, 11.

Mahler, Margaret S.: Symbiose und Individuation. Stuttgart, Klett, 1972.

Mahler, Margaret, S.: Die psychische Geburt des Menschen. Frankfurt/M., Fischer, 1978.

Miller, Alice: Du sollst nicht merken. Frankfurt/M., Suhrkamp, 1981.

Moser, U.: Die Entwicklung der Objektbesetzung. Psyche, 1967, 21, 97–124.

Sandler, J.: Trauma, strain, and development in: Furst, S. S. (Ed.): Psychic Trauma. New York, Basic Books, 1967.

Winnicott, D. W.: Fear of breakdown. Int. Rev. Psycho-Anal., 1974, 1, 103–107.

Heinz Müller-Pozzi, Haldenbachstr. 2, CH 8006 Zürich

Über coping-Verhalten bei schwerer NS-Verfolgung (Überleben im Vernichtungslager)

Von W. Schumacher, Giessen

Im folgenden soll berichtet werden über die Ergebnisse von Untersuchungen, die an überlebenden des NS-Vernichtungslagers Sobibor in Ostpolen vorgenommen wurden. Die Bearbeitung eines solchen, gerade für einen deutschen Analytiker schwierigen und emotional belastenden Problemfeldes verlangt einige Vorbemerkungen:

Zunächst könnte der Begriff cope oder coping-Verhalten zu Mißständnissen führen. Eine Bewältigung der Situation, mit der die Opfer sich plötzlich konfrontiert sahen – Bewältigung wäre das entsprechende deutsche Wort – war selbstverständlich nur den wenigen Opfern möglich, die nicht sofort der Vernichtung zugeführt wurden. Einige, meist junge und körperlich kräftige Häftlinge, wurden bei Ankunft im Lager ausgesucht und zur Verrichtung von Arbeiten kommandiert. Sie lebten auf Zeit. Ihr Tod war besiegelt. Lediglich für eine kurze Zeit sollte ihre Arbeitskraft ausgenützt werden. Wenn also hier und im folgenden von coping-Verhalten oder coping-Mechanismen die Rede ist, so keinesfalls in dem Sinne, als sei es von irgendeinem besonderen Verhalten der Opfer abhängig gewesen, ob sie überlebten oder nicht. Die Mehrzahl hatte keine Chance. Sie wurde sofort ermordet. Die wenigen jedoch, die ausgesucht wurden und später durch einen Ausbruch aus dem Lager am 14.10.1943 überlebten, zeigten durchaus unterschiedliche psychische Verarbeitungsformen gegenüber der sie umgebenden Extremsituation. Die Untersuchung der Frage, welche verschiedenen Antwortmechanismen mit welchen (Spät-)Folgen von den einzelnen Opfern in der Konfrontation mit der sie umgebenden Vernichtungsmaschinerie entwickelt wurden, soll Gegenstand der folgenden Erörterung sein. In diesem Zusammenhang ist festzustellen, daß die Begriffe coping-Verhalten oder coping-Mechanismen, zumindest in der deutschsprachigen psychoanalytischen Literatur, weniger eingeführt sind. Vornehmlich in der angloamerikanischen Sozialmedizin beheimatet, bezeichnen diese Termini jene – auch im vorliegenden Zusammenhang gemeinten – mehr aktiven Formen einer Situations- oder Problembewältigung. Mit den herkömmlich verwendeten psychoanalytischen Begriffen der Anpassung oder der Abwehr ist nicht *das* getroffen, was die im Lager ankommenden und dann ausgesuchten Opfer, nämlich die Arbeitshäftlinge, leisten mußten. Es waren nicht nur Formen der Anpassung, sondern teilweise hochaktive Ich-Leistungen, die die Lagerhäftlinge entwickeln und mit denen sie versuchen mußten, die auf den Einsturz ihrer Ich-Organisation abgestellten Extremtraumatisierungen zu bewältigen, um damit von Tag zu Tag, manchmal geradezu von Stunde zu Stunde, zu überleben.

Eine weitere Vorbemerkung sei erlaubt hinsichtlich der Art, mit der heute auf die im einzelnen unvorstellbaren Geschehnisse von damals reagiert oder vielmehr nicht reagiert wird. Man kann sagen, daß es kollektiv bisher *nicht* gelungen ist, zu einer Verarbeitung im Sinne einer Akzeptierung und Durcharbeitung der mit der NS-Verfolgung in Zusammenhang stehenden Geschehnisse zu gelangen. Die relativ einfachen Mechanismen der Verleugnung und der Verdrängung sind nach wie vor bildbeherrschend (Mitscherlich, 1967). Allerdings stellt sich in diesem Zusammenhang die Frage, ob die individuell geläufigen Formen unneurotischer Traumabewältigung – nämlich: Erinnern, Wiederholen, Durcharbeiten – auf kollektiver Ebene überhaupt leistbar sind. Unerträgliche, ja umfaßbare Vorgänge, wie die der NS-Verfolgung, werden jedenfalls bis heute verleugnet, als nicht existent, mindestens als *so* nicht geschehen hingestellt. Einer differenzierenden psychoanalytischen Betrachtung enthüllen sich indes weitere, subtil angelegte kollektive Abwehrformen. Sie lassen sich kennzeichnen als die der *Historisierung* und die der *Justifizierung*. Unter Historisierung zu verstehen wären jene kollektiv spürbaren Tendenzen, die NS-Verfolgung und alle damit in Zusammenhang stehenden Fragen in den Bereich des historisch Abgeschlossenen, des geschichtlich Geschehenen, zu verweisen. So spricht man von NS-Gewaltverbrechen wie von Vorgängen, die – vergleichbar den Hexenprozessen des Mittelalters – einer vergangenen Epoche angehören und damit auch beendet seien. Die „Erledigung durch Historisierung" bedeutet die Wegwendung des Blickes vom Hier und Jetzt mit dem Vorteil einer Loslösung der Geschehnisse von der eigenen Teilhabe und Verantwortlichkeit. Indes wird gerade unter analytischen Gesichtspunkten deutlich, daß die Bedingungen des Holocaust – bei aller Anerkennung der historisch-politischen Dimension und ihrer Bedeutung für das Entstehen der damaligen Vorgänge – letztlich in der psychischen Organisation des Menschen ihren Ursprung hatten und haben.

Mit Justifizierung gemeint ist die – in modernen Gesellschaften häufig anzutreffende – Neigung, sich gesellschaftlich unerfreulicher Probleme durch Abschieben an die Justiz, in diesem Falle die Strafjustiz, zu entledigen. Selbstverständlich wird hiermit nicht die Notwendigkeit bestritten, Schuldige zur Rechenschaft zu ziehen. Aufzudecken ist jedoch der Versuch, die Entschuldung des Kollektivs durch Schuldzuweisung an einzelne herbeizuführen. Man entzieht sich der eigenen Konfrontation, indem man das Geschehen als Vorgang begreift, der nur einzelne, eben kriminelle Täter betraf. Durch Kriminalisierung des Einzelnen wird die Entkriminalisierung des Kollektivs erreicht. In diesem Abwehrsinne bilden NS-Prozesse – auf kollektiver Ebene – immer auch die Möglichkeit zu Schuldprojektionen großen Ausmaßes. Ein Indiz für den Abwehrcharakter dieser „Erledigung durch Privatisierung“ kann darin gesehen werden, daß bei all den vielen, teilweise über Jahre und mit großem Aufwand geführten NS-Prozessen – mit einer Ausnahme, die zu der vorliegenden Untersuchung führte – niemals ein psychiatrischer oder psychoanalytischer Sachverständiger hinzugezogen wurde. Bezeichnenderweise geschah dies immer mit der Begründung, daß es sich um normale, d.h. psychisch gesunde Täter handele, für die die Justiz allein zuständig sei. Abgesehen davon, daß es schon auffällig ist, daß normale Täter Taten begingen, die jedes bis dahin bekannte Maß und überhaupt jedes Ausmaß an Vorstellungskraft übertrafen, waren es oft die gleichen Richter und Staatsanwälte, die einige Jahre zuvor mit den gleichen Mitteln die gleichen Taten mindestens nicht verhindern konnten, sie indirekt sogar unterstützt oder doch gestützt hatten.

Immerhin, wenigstens in *einem* Falle entschloß sich ein Schwurgericht, in einem der großen NSG-Verfahren der Nachkriegszeit ein psychiatrisch-psychoanalytisches Gutachten anzufordern, um mit seiner Hilfe den Versuch zu unternehmen, tiefer in das Dunkel einer Materie einzudringen, die sich jedem normalen Vorstellungsvermögen entzieht. Gegenstand des Verfahrens bildete der Komplex des Vernichtungslagers Sobibor in Ostpolen. Angeklagt war ein Täter, ein früherer SS-Oberscharführer, dem die eigenhändige Mitwirkung an der Tötung von mindestens 150000 Menschen vorgeworfen wurde. Das hiermit befaßte Schwurgericht II/73 des LG Ffm (Az. 4/73 Ks 3/50) beschloß am 9.11.1973, ein Gutachten einzuholen, wobei – in der Sprache der üblichen Strafrechtstechnik – folgende Fragestellungen zugrundegelegt wurden: Beweis erhoben werden soll darüber, „ob der Angeklagte eine Unrechtmäßigkeit seines Handelns erkannt hat oder hätte erkennen können, ob er ggf. nach seiner geistigen Struktur in der Lage war, Bedenken gegen die Rechtmäßigkeit ihm erteilter Befehle gegenüber seinen Vorgesetzten zu äußern und die Ausführung der Befehle zu verweigern.“

Naturgemäß konzentrierten sich die psychiatrisch-psychologischen Untersuchungen in dem über vier Jahre andauernden Prozeß zunächst auf die Täterproblematik. Auch diesbezüglich konnten unter psychoanalytischen Gesichtspunkten wesentliche Mechanismen aufgedeckt werden, Mechanismen, deren allgemeine Bekanntheit mit dazu beitragen könnte, ähnliche Verbrechen in der Zukunft zu verhindern oder doch zu erschweren. So konnten z. B. auf der Täterseite gezeigt werden die im einzelnen raffinierten Techniken der Schuldabweisung in der Tatsituation, die Manipulation und schrittweise Außerkraftsetzung des Rechtsbewußtseins, die nachträgliche Fiktion eines sog. Befehlsnotstandes u. v. a. m. Eine vorläufige Mitteilung über diese Untersuchungen liegt vor (Schumacher, 1980). Darüberhinaus war es möglich, psychoanalytische Interviews an überlebenden Opfern, die zugleich Zeugen des Geschehens im Vernichtungslager Sobibor waren, durchzuführen. Die Mehrzahl der interviewten Opfer war bereit, auch außerhalb der Gerichtssituation zu mehrfachen und ausgedehnten Einzelgesprächen zur Verfügung zu stehen. Zur näheren Kennzeichnung der Interviews sei folgendes gesagt: Im Verlaufe von drei Jahren wurden 24 Opfer interviewt. Die Gespräche fanden außerhalb der Gerichtssituation statt. Die Opfer waren ausdrücklich bereit, sich im Interesse der Aufklärung und Bekanntwerdung dessen, was damals geschah, zu Gesprächen zur

Verfügung zu stellen. Die Interviews erfolgten semistrukturiert. Die Akzentsetzung wurde zunächst den Interviewten überlassen. Es wurde so versucht, die besonderen Traumatisierungspunkte und deren Verarbeitungsformen zu erkennen. In einem weiteren Teil des Gesprächs erfolgte dann eine strukturierte Befragung nach Themenbereichen, so nach der familiären Frühsituation, dem Lebensweg in der Vor- und der Nachlagerzeit, der Stellung im Lager. Durch begleitende Reflexion der im Gespräch spürbaren Gefühlsäußerungen – teilweise auch durch deren Ansprechen – wurde versucht, wesentliche psychodynamische Parameter (z. B. Abspaltungen, Verdrängungen der Aggression, deren Wendung gegen sich selbst usw.) zu erfassen. Es wurde hierbei möglich, ein Bild über die verschiedenen Aspekte der damaligen Vorgänge – vor allem der inneren Vorgänge der Opfer – zu gewinnen. Die Interviews dauerten in der Regel nicht länger als 60 Minuten. In fast allen Fällen wurden mindestens zwei Sitzungen durchgeführt. Die wichtig erscheinenden Ergebnisse wurden unmittelbar danach protokolliert. Wichtig war die Art der Gefühlsreaktionen auf die einzelnen Themenbereiche (die sehr unterschiedlich waren) sowie deren Beziehung zu Gefühlsverarbeitungen auch in sonstigen (früh erlebten) traumatisierenden Situationen. Neben den Bereichen der Objektbeziehungen, insbesondere der Objektbindungen und deren Entwicklung, wurde versucht, Einblick auch in die Dimensionen des Selbstwerterlebens und deren biographische Vorgeschichte (frühe Familienbeziehungen) zu gewinnen. Die nur begrenzte Aussagekraft des Materials vor allem in quantitativ-verallgemeinender Hinsicht war offenkundig. Auf der anderen Seite waren qualitativ, d. h. in den einzelnen Interviewsituationen bei hoher Variabilität der Gefühlsreaktionen überraschend tiefe Einblicke möglich. Dies lag nicht zuletzt an der hohen emotionalen Labilisierung, in der verständlicherweise die Opfer durch die Gerichtssituation und die hiermit verbundene Wiederbelebung jener extremen Vernichtungserlebenisse hineingerieten. Insgesamt wurde es möglich, ein Bild über verschiedene Aspekte der damaligen Vorgänge – vor allem der inneren Vorgänge der Opfer – zu gewinnen. Ein besonderes Interesse richtete sich dabei auf *drei* Fragekomplexe (wobei auch hier die etwas technische oder verkürzte sprachliche Formgebung entschuldigt werden möge):

1. Was passiert in einem Menschen, der mit der Situation des Holocaust – d. h. nicht nur der physischen, sondern vorher auch der totalen psychischen Vernichtung – konfrontiert wird, welche Reaktionen – unter Gesichtspunkten der analytischen Psychologie – finden in ihm statt, wie können diese in Beziehung gesehen werden zu den Erlebnisweisen der eigenen Frühzeit, etwa zu hier entwickelten spezifischen Verarbeitungsformen.

2. Ein weiterer, ebenso wichtiger Aspekt schien uns die Frage der Folgewirkung oder Spätverarbeitung von Holocaust-Erlebnissen. Dies wiederum bezogen auf die Erfahrungen und Erlebnisweisen der Frühentwicklung. Über Spätwirkungen nach NS-Verfolgung ist viel und eingehend berichtet worden. Dies auch in der psychiatrischen Literatur und hier vor allem im Zusammenhang mit Entschädigungs- bzw. Wiedergutmachungsfragen (zusammenfassend hierzu z. B. v. Bayer, 1964, 1982; Matussek, P. u. a., 1971). Auch unter psychoanalytischen Aspekten liegt ein umfangreiches Schrifttum bis hin zu Fragen der second-generation-Schädigung vor (Werner Tuteur, 1966; K. R. Eissler, 1967; K. R. Eissler, 1968; H. Krystal, 1968; E. de Wind, 1968; E. A. Cohen, 1969; Paul Chodoff, 1970; M. Straker, 1971, Wojciech Posnaniak, 1972; Hector Warnes, 1972; J. J. Sigal, D. Silver, V. Rakoff, 1973; J. Bastiaans, 1973; Harvey A. Barocas, Carol E. Barocas, 1973, Stephen C. Karr, 1973; Joel E. Dimsdale, 1974; L. Eitinger, 1974; Robert M. Prince, 1975; E. Simenauer, 1978; H. Keilson, 1979, L. Rosenkötter, 1979; E. A. Cohen, 1979, E. A. Cohen 1981). Die vorliegenden, in vierjährigen Erhebungen zum Komplex Sobibor möglich gewordenen Untersuchungen boten nun erstmals die Gelegenheit, ca. 35 Jahre nach Einwirkung des Traumas analytische Interviews mit Opfern durchzuführen, die einerseits nach Vorgeschichte und Herkunft sehr unterschiedlich, andererseits jedoch alle den gleichen äußeren Extrembedingungen ausgesetzt waren. Es war erstaunlich zu sehen, welche Unterschiede in der Spätverarbeitung auftraten und wie dies wiederum in Abhängigkeit zu den jeweiligen Früherfahrungen stand. Während einige Opfer nach dem Kriege quasi bruchlos in eine neue Zukunft gingen, buchstäblich 35 Jahre an die, doch schlechthin unvorstellbaren Bedingungen in Sobibor nicht mehr gedacht, geschweige denn unter irgendwelchen Beschwer-

den zu leiden gehabt hatten – jedenfalls soweit dies subjektiv und objektiv erkennbar war – gab es andere Opfer, die genau dem gleichen Inferno ausgesetzt waren und in den dann folgenden 35 Jahren buchstäblich nicht einen Tag erlebten, an dem sie nicht gedanklich mit den Erlebnissen von Sobibor beschäftigt waren. Hierauf wird in einem späteren Zusammenhang noch einzugehen sein.

3. Eine weitere Richtung der Untersuchung, die dann auch unmittelbar für die Prozeßmaterie von Bedeutung war, bestand in der Frage der Erinnerungsfähigkeit. Auch hier wiederum eine außergewöhnliche Situation: Das, was in Sobibor objektiv geschehen war, lag auf Grund einer Vielzahl von Informationen sowohl von seiten der Opfer wie auch der (teilweise in Strafhaft befindlichen) Täter im wesentlichen fest. Auf Grund dieser Informationen standen Kenntnisse zur Verfügung, die bis in die Einzelheiten des täglichen Lagerlebens, aber auch der Tötungsmaschinerie selber gingen. Es war damit möglich, Qualität und Quantität der Erinnerungsbilder zu untersuchen und nachzuprüfen, die die einzelnen Opfer nach über dreißig Jahren reproduzieren konnten. Dies wiederum in Abhängigkeit von der jeweiligen Persönlichkeit sowie den unterschiedlichen Formen, in denen die damaligen Vorgänge verarbeitet worden waren. So war es z. B. möglich, den Vorgang der erinnerungsmäßigen Reproduktion bei Opfern zu verfolgen, die kurz nach dem Kriege nach Australien ausgewandert, sich über dreißig Jahre nicht mehr mit Sobibor befaßt und auch keinerlei Verbindungen zu früheren Mithäftlingen gehabt hatten. Während dieser Untersuchungen, die in Australien stattfanden, wurden diese Opfer erstmals nach dem Kriege mit den früheren Vorgängen wieder konfrontiert. Die durch die Gerichtssituation erfolgte Wiederbelebung der Verfolgungserlebnisse – hier vor allem bestimmter Exzeßtaten – war ein teilweise erschütternder Vorgang. Nicht nur das Wie der Wiederbelebung, auch die Inhalte dessen, was erinnert wurde, war bemerkenswert. Auch hier ließen sich Beziehungen zu den jeweils beteiligten Persönlichkeiten, ihrer psychischen Organisation (z. B. bevorzugte Abwehren, Selbstwerterleben) sowie deren vermutbaren Entstehungsbedingungen in der Frühzeit ihrer Entwicklung erkennen.

Bevor auf den hier unter 1. genannten Gesichtspunkt der Frage der

Bewältigungsformen und ihre Abhängigkeiten eingegangen werden soll, sei kurz über den Hintergrund des Geschehens selbst berichtet.

Im Rahmen der sog. Aktion Reinhardt wurden im Frühjahr 1942 in Ostpolen, und zwar jeweils in der Nähe bzw. unmittelbar neben einer Bahnlinie drei Vernichtungslager eingerichtet. Es handelte sich um die Lager Belcec, Sobibor und Treblinka. Im Gegensatz zu den üblichen Konzentrationslagern, in denen Häftlinge zu Arbeitsleistungen herangezogen wurden, bestand ihre Bestimmung ausschließlich in der Tötung jüdischer Menschen. Diese wurden zunächst aus Polen, später aus allen Teilen Europas nach hier verbracht. Unter Anwendung von Täuschungsmanövern wurden sie in besonders eingerichtete Gaskammern geführt und hier – an manchen Tagen bis zu 2000 Opfer – mittels einströmenden Kohlenmonoxyds (Motorabgase) getötet. Die Existenz und Bestimmung dieser Vernichtungslager wurde streng geheimgehalten. Das der vorliegenden Untersuchung zugrundeliegende Verfahren bezog sich auf die Vorgänge im Vernichtungslager Sobibor. Der Angeklagte, ein damals 33jähriger SS-Unterscharführer, war in diesem Lager praktisch während der ganzen Zeit seines Bestehens, d. h. von April 1942 bis Nov. 1943, tätig und zwar überwiegend im sog. Lager III, dem eigentlichen Tötungsbezirk. Der Aufbau der Vernichtungslager war in allen drei Camps praktisch gleich. Er bestand aus dem sog. Lager I, in dem die Verwaltung, die deutschen und die ukrainischen Mannschaften untergebracht waren. Die Zahl der deutschen Mannschaften, die aus SS-Angehörigen und Angehörigen der Polizei bestand, wechselte. Sie war – gemessen an dem Tötungsumfang – erstaunlich gering und betrug in Sobibor im Durchschnitt nur etwa 20 bis 25 Mann. Diese waren übrigens im direkten Sinne Spezialisten des Tötens, insofern sie allesamt aus der damals unter dem Druck der Öffentlichkeit bereits eingestellten Euthanasie-Aktion stammten. Ihre organisierende Dienststelle war die gleiche, die auch die Euthanasie geleitet hatte, die berüchtigte Abteilung T4 (Berlin, Tiergartenstraße 4). Im Lager II wohnten und arbeiteten jüdische Häftlinge, Frauen und Männer, als sog. Arbeitshäftlinge. Sie wurden aus den ankommenden Transporten ausgesucht und hatten bis zu ihrer eigenen Tötung handwerkliche oder sonstige Arbeiten im Lager zu verrichten. Ihre Zahl betrug zeitweise bis zu 500 Personen. Das von den übrigen Lagerbezirken streng abgeschirmte Lager III enthielt die eigentlichen Gaskammern sowie wiederum Baracken, in denen jüdische Arbeitshäftlinge wohnten. Unter Anführung gefangengenommener russischer Armeeangehöriger, die, da sie zugleich Juden waren, nach Sobibor verbracht wurden, führten die Arbeitshäftlinge des Lagers II am 14. Okt. 1943 einen Ausbruch durch. Von den etwa 400 Entwichenen erlebten etwa 50, meist polnische Juden, das Kriegsende. Von den 50 Überlebenden stellten sich etwa 30 dem Gericht als Zeugen und zugleich zu den hier ausgewerteten Interviews zur Verfügung.

Das Leben der Arbeitshäftlinge im Vernichtungslager war unvorstellbar. Sie alle hatten den sicheren Tod vor Augen und mußten bis dahin unter grausamen Bedingungen Arbeit verrichten. So mußten sie z. B. die Kleider der Ankommenden, die nackt in die als Bad getarnten Gaskammern geführt wurden, einsammeln, nach Geld und Wertsachen durchsuchen, und in Magazine zum späteren Abtransport verpacken. Andere waren zur Bedienung der deutschen und ukrainischen Wachmannschaften abgestellt, wiederum andere – vorwiegend Handwerker – hatten für die Instandhaltung der Gebäude und für den weiteren Ausbau des Lagers zu sorgen. Täglich fanden Mißhandlungen statt. Geringste Anläße genügten, um ins Lager III und damit zur Tötung geschickt zu werden. Ersatz für umgekommene Arbeitshäftlinge gab es täglich. Sie wurden einfach aus den ankommenden Transporten ausgesondert. Diese Auswahl erfolgte nach rein äußeren Kriterien. Maßgebend waren der Bedarf, dann die augenscheinliche Gesundheit, in der die Arbeitshäftlinge sich befanden (meist junge Leute) sowie ihre Eignung für bestimmte Zwecke, wobei es zumeist um Handwerker ging. Der Unglaublichkeit dieser Realität entsprach die Begrenztheit des menschlichen Vorstellungsvermögens. So dauerte es immer geraume Zeit, bis die neuausgewählten Arbeitshäftlinge realisierten, was vor ihren Augen vor sich ging.

Die Auswertung der Interviews sowie die (weitgehend) genaue Kenntnis dessen, was in Sobibor geschah, ließ als erstes Ergebnis klar erkennen, daß für die ausgesuchten Arbeitshäftlinge die Chancen des Überlebens – neben natürlich wiederum tausend äußeren Zufällen – auch und nicht zuletzt abhängig waren von der psychischen Verarbeitungsfähigkeit auf seiten der Opfer. Derjenige, der auch in diesem Inferno zu Anpassungsleistungen in der Lage war, hatte – wie der später durchgeführte Ausbruch auch zeigte – eine, wenn auch geringe Chance. Soweit sich rekonstruieren ließ, gab es grundsätzlich *drei* verschiedene Weisen, mit denen die Arbeitshäftlinge auf die Konfrontation mit der für sie unfaßbaren Realität reagierten. Es gab 1. *regressive* Antwortweisen, d. h. Versuche, per Regression zu überleben. 2. *adaptive* Antwortformen (adaptiv im engeren Sinne) und es gab schließlich das, was man 3. als *progressive* coping-Mechanismen bezeichnen kann. Innerhalb dieser unterschiedlichen Antwortformen, die natürlich auch wechseln konnten, waren wiederum verschiedenartige Anpassungsformen zu beobachten, Mechanismen, die offensichtlich eng mit dem zusammenhingen, was frühkindlich als Erfahrung im Umgang mit schwerer und schwerster Gefahr erworben worden war.

Die *regressiven Überlebensversuche,* für die es viele Beispiele gab, reichten von der einfachen Einengung des Bewußtseinsfeldes über die verschiedenen Weisen der Verleugnung, der Aussparung und des Rückzuges von der Realität bis hin zur Wiederbelebung früher Verschmelzungsgefühle im Sinne des Sich-Überlassens, der Rückkehr zu symbiotischen Verfassungen, zu Erlebnisweisen, die schließlich dann nicht mehr geeignet waren, zu überleben. Sie führten vielmehr zu Haltungen von Apathie, einem Sich-Sterben-Lassen, letztlich dem sog. Muselmann-Syndrom als äußerster Form einer physischen Regression. In Vernichtungslagern wie Sobibor und Treblinka kam es allerdings selten zur vollen Ausprägung dieser regressiven Antwortweisen. Zustände von verleugnender Apathie bis hin zu einem willigen, fast gelösten Sich-Aufgeben, wurden jedoch von den Überlebenden vielfach beschrieben. Mechanismen im Sinne einer Nicht-Wahrnehmung der Realität, einem, wenn auch partiellen Rückzug, waren indes auch für das Überleben in Sobibor von großer Bedeutung. Ein Beispiel für diese, nicht seltene Antwortweise, stellt ein heute etwa 60jähriger, in Israel lebender Zeuge dar. Bei Ankunft im Lager war er als Maler ausgesucht worden, ein Beruf, den er auch erlernt hatte. Während seines ganzen, über ein Jahr dauernden Aufenthaltes im Lager Sobibor hatte er buchstäblich von morgens bis abends Anstreicher- und Instandsetzungsarbeiten durchgeführt. Er war, wie er selber sagte, ausschließlich seiner Arbeit nachgegangen und hatte sich im übrigen um nichts gekümmert. So hatte er auch so gut wie nichts mitbekommen von dem, was um ihn herum vor sich ging. Er war ein von den Deutschen geschätzter Handwerker. Man ließ ihn arbeiten und im übrigen in Ruhe. So hatte er trotz des Infernos, das um ihn mit täglich Tausenden von Tötungen herrschte, ohne größere Schwierigkeiten überlebt. Als beim Aufstand alle fortliefen, war er einfach mitgelaufen. Ein extremes Beispiel zwar, das aber zeigt, wie durch Verleugnung, Abspaltung, durch regressive Einschränkung auf partielle Funktionen der Wahrnehmung eine erfolgreiche Abwehr und damit schließlich auch ein Überleben möglich wurde.

Eine weitere Form von coping-Verhalten läßt sich als *adaptive Abwehr*[1] beschreiben. Im Gegensatz zu den vorgenannten Bewältigungs-

1 Die Benutzung des Begriffes Abwehr oder Abwehrverhalten in Zusammenhang mit dem hier verwendeten Begriff coping verlangt einer näheren Differenzierung. Im analytischen Sprachgebrauch bezeichnen die Begriffe Abwehr oder Abwehrmechanismen Formen der Bewältigung *innerer* Gefahren. Es handelt sich um Anpassungsleistungen des Ichs gegenüber andrängenden Trieb- oder triebnaher Über-Ich-Forderungen. Bei Extremgefahren von außen treten nun Mechanismen auf, die den Abwehrmechanismen im engeren Sinne vergleichbar sind und die man – ebenfalls vom Ich organisiert – als coping-Mechanismen bezeichnen könnte (in anderer Terminologie auch als Notfallreaktionen beschrieben). Vermutlich handelt es sich um funktional gleichartige Vorgänge, da das Ich bei Auftreten von schwerer Gefahr, sei sie von außen *oder* von innen, die gleichen Reaktionsweisen einsetzt. Das Verhältnis zwischen äußeren und inneren Gefahren hat die Psychoanalyse schon immer beschäftigt. Freud meinte bekanntlich, daß

formen fanden hier keine Rückzugsbewegungen, fanden keine Einschränkungen von Ich-Funktionen (wie z. B. der der Wahrnehmung) statt. Bei erhaltener Realitätsfunktion bestand das Verhalten hier im Versuch einer Anpassung an die Gegebenheiten, etwa durch Mechanismen des – wenn auch äußeren – Pakt-Schließens, des sich Unterwerfens aber auch der Reaktionsbildung, z. B. nach dem Muster: Wie positiv sind die Verhältnisse, daß ich noch lebe. Schließlich gab es hier auch Formen, die als Identifikation mit dem Aggressor zu beschreiben sind und in einer partiellen Internalisierung der Strukturen der Vernichtungsmaschinerie bestanden. Letzteres berührt übrigens ein dunkles Kapitel in der Geschichte der NS-Gewaltverfolgung. So ließen die Untersuchungen zum Komplex Sobibor erkennen, daß die Deutschen – obwohl durch sie die gesamte Vernichtung organisiert wurde – sich selber kaum je die Hände schmutzig bzw. blutig machen mußten. Das besorgten andere für sie. Die tägliche Quäl- und Tötungsarbeit in Sobibor wurde durchgeführt einmal von den ukrainischen Hilfswilligen (die sog. Hiwis, auf die übrigens die Deutschen noch tiefer herabsahen als auf die Juden), zum anderen aber auch die Juden selbst. Man bediente sich des sog. Kapo-Systems, auf das auch Eugen Kogon in seinem bekannten Buch (1974) hinweist. Es war klar, daß Anpassungsmechanismen auf seiten der Opfer und zwar vor allem die, die hier als adaptive coping-Formen (sprich: Überlebenstechniken) beschrieben werden, reichlich dabei Ausnützung fanden. An dieser Stelle ist übrigens zu sagen, daß sich hier ein wenig bearbeitetes Problemfeld andeutete, das nämlich des Verhältnisses zwischen Realschuld (z. B. Täter real unter-

äußere Ereignisse nur dann den Charakter echter Gefahren erhalten könnten, wenn sie sich zugleich mit inneren Gefahren verbänden. Vermutlich hatte er dabei jedoch nicht jene Extremformen äußerer Traumatisierungen vor Augen, von denen dann seine Generation und er selber auch noch betroffen wurden. H. Hartmann diskutierte das Problem dezidiert unter dem Begriff der Anpassung (1970). Klar ist wohl – und auch am vorliegenden Material zu erkennen – daß die Abwehr gegenüber (extremen) äußeren Gefahren eine hochintegrative Ich-Leistung darstellt, bei der alle Funktionen des Ichs – hier auch die des sog. Sekundärprozesses einbezogen sind. Bei Abwehrmechanismen, die gegen innere Gefahren aufgebaut werden, scheint es sich demgegenüber mehr um punktuelle, umgrenzt sich auswirkende (jedenfalls umgrenzt beschreibbare) Ich-Leistungen zu handeln.

stützt zu haben) und phantasierter Schuld. Letzteres z. B. im Sinne eines häufig niemals mehr auslöschbaren Gefühls, durch Nichts-Tun mitschuldig geworden zu sein. Es stellte gerade eine besondere Perfidie des Systems dar, die Angst und die Not der Opfer für sich und seine Zwekke nutzbar zu machen, d. h. durch aktives und passives Dulden – auch unter den Häftlingen – Mittäter und damit Mitschuldige zu erzeugen. Auf der anderen Seite ist festzustellen, daß adaptive, in Richtung Anpassung und Unterwerfung zielende Verhaltensformen *nicht notwendigerweise* gegen eigene Mithäftlinge gerichtet sein mußten. Es gab gerade in Sobibor viele Beispiele von Anpassung durch partielles Pakt-Schließen, ohne daß andere dadurch geschädigt wurden. Ganz im Gegenteil profitierten viele Häftlinge davon, wenn – wie nachweislich – manche von ihnen eine besondere Stellung innehatten und dadurch anderen zusätzlich Essen, Kleidung usw. beschaffen konnten.

Die besondere Problematik der adaptiven coping-Mechanismen liegt indes – nach den Erebnissen der hier durchgeführten Untersuchungen – hauptsächlich in den Folge- oder Spätwirkungen auf seiten der Überlebenden. Sich-unterworfen, sich-angepaßt oder gar den Deutschen geholfen zu haben, machte – oft für immer – unerträgliche Schuld- und Schamgefühle. Es scheint wahrscheinlich, daß das sog. „Schuldgefühl der Überlebenden" in erster Linie – vielleicht auch nur – bei denjenigen anzutreffen ist, die durch reale oder phantasierte Unterwerfung, sprich durch submissiv-adaptives Verhalten, überlebten und – obwohl irreal – ab dann niemals das Gefühl verloren, mitschuldig geworden zu sein.

Die Schwere der gefühlten Überlebensschuld wurde mir bes. deutlich in einer bestimmten Interview-Situation, die in den dann folgenden Gesprächen mehr und mehr therapeutischen Charakter annahm. Einem von der Last der Erinnerung schwer gequälten Manne – er konnte nur unter heftigem Weinen über seine Erlebnisse im Lager berichten – versuchte ich zu helfen, indem ich sagte, mir schiene, als ob gleichsam er sich dafür verantwortlich mache, daß die Menschen ins Gas gehen mußten. Ich wollte damit versuchen, Fehlzuschreibungen von Schuld bei ihm bewußt zu machen bzw. ihm zu helfen, einen Bearbeitungsprozeß in diese Richtung zu lenken. Er sagte daraufhin, daß er mir etwas anvertrauen möchte, worüber er in über dreißig Jahren noch nie mit einem Menschen gesprochen habe. Er habe nämlich als Arbeiter in den Kleidermagazinen von Sobibor den Mantel seines Vaters in den Händen gehabt und – was das Schlimmste sei – ihn wie selbstverständlich und ohne etwas Besonderes dabei zu fühlen einsortiert.

Es wurde deutlich und auch von ihm so gesagt, daß er es als enorme Erleichterung erlebte, dieses einem anderen Menschen gegenüber einmal aussprechen zu können, ohne –

wie er es ubw. tat – sich zugleich als schwerstschuldig verurteilen zu müssen. Als Analytiker sind wir gewohnt, mit Vaterhaß und Vatertötungsphantasien umzugehen. Die schuldhafte Aktualisierung dieser infantilen Wünsche in einem Inferno dieses Ausmaßes entzieht sich indes normalen Beurteilungskategorien. Es wurde mir an diesem Beispiel verständlich, daß bei Menschen mit diesen innerseelischen Voraussetzungen, hineingestellt in diese Realsituation, ein Zur-Ruhe-Kommen, ein Vergessen – sprich eine Erledigung der Schuld – kaum je möglich ist.

Die verschiedenen Formen der Trauma-Spätverarbeitung, also auch des wichtigen Bereichs der psychischen Folgeschäden, hängen – wie die Ergebnisse zeigten – in direkter Weise von dem damals im Lager eingenommenen coping-Verhalten ab.

Die adaptiven oder gar submissiven Verhaltensformen schienen jedoch nicht nur wegen der Frage der Spätverarbeitung von Bedeutung. Sie verbanden sich in eigenartiger Weise auch mit entgegenkommenden Schuldabweisungs- oder Schuldminderungsmechanismen auf seiten der Täter. Zumindest einige der Täter versuchten ihren Schuldgefühlen zu entgehen dadurch, daß sie ihrerseits – unbewußt – fortwährend Pakte anboten. So hatte jeder der Täter seinen – wie es einer von ihnen nannte – „Lieblingshäftling“. Gefördert wurden diese Mechanismen durch die Bildung sog. Kommandos. Jeder der Deutschen war für besimmte Funktionen zuständig, die er mit „seinen Juden“ durchführte. Durch Bildung von Kleingruppen und deren Zuordnung zu je einem Deutschen bildeten sich Verhältnisse, bei denen offenbar auf beiden Seiten – natürlich zu je verschiedenen Zwecken – Verhaltensformen im Sinne des Sich-gegenseitigen-Anpassens angeregt wurden. Dies führte nach dem Kriege zu teilweise grotesken Verzerrungen und Mißverständnissen. So z. B. schilderte der Angeklagte im Sobibor-Verfahren die Lagerverhältnisse in einem merkwürdig harmonisierenden Licht, während er zugleich eingehend die Tötungseinrichtungen im Lager erklärte. Er hatte sich sogar ausdrücklich auf eine bestimmte Überlebende als Entlastungszeugin berufen. Seine Verteidiger hatten große Mühe darauf verwandt, deren Anschrift in den USA ausfindig zu machen. Der Angeklagte war dann aber umso überraschter, als gerade diese ihn als einen der grausamsten Mörder bezeichnete. Ubw. Mechanismen im Sinne von Schuldprojektionen – nämlich, dafür, damals vom Täter bevorzugt worden zu sein – schienen nicht ganz ausschließbar.

Ein dritte Gruppe innerhalb dieser durchaus unterschiedlichen Verarbeitungsformen, wobei Einteilungen hier durchaus etwas Künstliches haben, da in der Unbeschreiblichkeit der damaligen Realität alles mit allem verbunden sein konnte, läßt sich als *progressives* Coping oder als Versuch einer *progressiven Bewältigung* bezeichnen. Im Gegensatz zu den adaptiven, insbesondere aber den regressiven Anpassungsmechanismen bestand sie wesentlich in einer Überschärfung der Ich-Funktionen. Ihre Kennzeichnung war: keine Verleugnung, keine Abspaltung, keinerlei Reaktions-, allenfalls eine nur ganz äußerliche, bewußt eingesetzte Pakt-Bildung. Die Häftlinge, die so reagierten, befanden sich in einem Zustand permanenter Überwachheit. Sie registrierten alles, bekamen alles mit und waren von daher – ganz anderes als etwa die regressiv, d. h. mit erheblichen Ich-Einschränkungen (vor allem der Wahrnehmungsfunktionen) Überlebenden – später scheinbar ideale Zeugen vor Gericht.[2] Vor allem schien – auch für das Überleben wichtig – eine Überwachheit in bezug auf empathische Prozesse vorgelegen zu haben. Nicht nur die Funktionen des Sekundärprozesses (Denken, Logik, Kombination, Überblick usw.) waren sozusagen in Permanenz auf das äußerste geschärft. Auch die Registrierung unbewußter Vorgänge im Lager, wie Stimmungen, Wünsche, Bedürfnisse, vor allem auch der Ängste der Wachmannschaften waren Gegenstand fortwährend genauer Kontrolle. Es ist m. W. kein Abwehrmechanismus gegegenüber inneren Gefahren bekannt, der dem vergleichbar wäre. Diese *progressive* Form, das sich darbietende Inferno zu bewältigen, bestand also darin, durch Kenntnis und Kontrolle möglichst aller Zusammenhänge, heraufziehen-

2 „Scheinbar" deshalb, weil die – wie man sagen könnte – „Fixierungen im Sekundärprozeß" ebenfalls nachträglich zu Veränderungen bei der Reproduktion des Erlebten führen. Vergleichbar dem sog. produktiven Gedächtnis (F. C. Bartlett) oder prägnanter, dem von Freud (1900) entdeckten Vorgang der sekundären Bearbeitung des manifesten Traumes, werden in einem vom Ich unbemerkten (nicht eigentlich unbewußten) Vorgang die reproduzierten Einzelerinnerungen verändert, in sich logisch gemacht und geordnet. Sie werden zusammengefügt und eingepaßt in ein Vorstellungssystem, das der Betreffende sich nachträglich von den früher erlebten Vorgängen macht. Zumeist sind diese Konzepte jedoch andere, als sie der ursprünglichen Wirklichkeit entsprachen. Hierdurch treten nicht selten Verzerrungen auf, durch die die Einzelteile, die für sich allein genommen u. U. durchaus präzise und detailgenau erinnert werden, charakteristische Veränderungen erfahren.

de Gefahren noch ehe sie eigentlich da waren zu erkennen, Gegenmaßnahmen zu treffen, Chancen zu nützen, Kollisionen zu vermeiden usw. Von dieser Gruppe ging auch der erfolgreiche Ausbruch vom 14.10.1943 aus.[3]

Die Interviews zeigten, daß bei progressiven Bewältigungsformen das Vorhandensein und Durchhalten einer Zielvorstellung eine besondere Rolle spielte. So sagten übereinstimmend mehrere Überlebende, die dieser Form des coping zuzurechnen waren, sie hätten von Anfang an nur ein Ziel gehabt: Einer von uns muß durchkommen, einer muß überleben, um der Nachwelt mitzuteilen, was hier geschah.

Die Reaktionen und Verarbeitungsformen bei Konfrontation mit der Vernichtung waren jedenfalls – so zeigten die Interviews mit den Überlebenden – sehr unterschiedlich. Unter psychoanalytischen Gesichtspunkten von Interesse war nun die Frage, warum – bei äußerlich gleicher Situation – so unterschiedliche Antwortformen entwickelt wurden. Generell ließ sich erkennen, daß adaptive coping-Mechanismen – teilweise verbunden mit progressiven oder auch regressiven Anpassungsformen – überwogen. Rein oder vorwiegend progressive Bewältigungseinstellungen ließen sich bei drei oder vier der Überlebenden finden.

Bei dem Versuch, die frühen Entwicklungsbedingungen zu erfassen, zeigten sich – akzentuiert nach den verschiedenen Bewältigungsformen – bemerkenswerte Übereinstimmungen. So hatten die regressiv überlebenden in ihrer Kindheit eine meist gute, behütende und beschützende,

3 Teilweise kam es hierbei zu erschütternden Ereignissen, wie z. B. dem Umstand, daß die Mehrzahl der ausgebrochenen Juden von der umgebenden Landbevölkerung an die Deutschen wieder ausgeliefert wurde (ein Beispiel für den damals auch in der polnischen Bevölkerung herrschenden Antisemitismus).

Die Vorbereitung und schließlich Durchführung des Ausbruchs zeigte im übrigen die hohe Bedeutung von Gefühlen des Sich-Zutrauens, des Könnens, ja der heimlich gefühlten Überlegenheit gegenüber einem erdrückenden, nach außen hin scheinbar übermächtigen Gegner. Der Initiator des Ausbruchs war ein Jude mit Namen Petscherski (1979). Als Offizier hatte er bei der russischen Armee gedient und, wie er im Interview sagte, „die Schlagbarkeit und Überwindbarkeit der Deutschen bei Stalingrad erlebt". Er machte den anderen Mut, organisierte quasi militärisch den Aufstand und gewann dabei bevorzugt Helfer aus dem Kreis derjenigen, die – im hier gemeinten Sinne – *progressive* Bewältigungsstrategien einzusetzen versuchten.

aber auch starke Mutter gehabt. Sie hatten ihr Leben lang – auch nach der Verfolgung – in enger innerer Verbindung zu einem positiven Mutter-Introjekt gestanden, was sich in Form ihres Objektumgangs, ihrer Hingabefähigkeit und ihrem Vertrauen zeigte. In Abhebung hiervon hatten die adaptiv Überlebenden fast übereinstimmend schwache hilflose Eltern gehabt, Eltern, die offensichtlich selber kein stabiles Ich und kein Selbstzutrauen besaßen. Auf diesem Hintergrund war es offenbar nicht zur Bildung fester und Vertrauen gebender Über-Ich- bzw. Idealinstanzen gekommen. Auch der Lebensweg vor der NS-Okkupation war – wie der der Eltern – meist mühsam, kärglich, im Grunde hilflos gewesen. Früh schon hatten sie, um zu überleben, submissive Anpassungsformen erlernt. Wie auch die Eltern, glaubten sie im Grunde nicht an sich selbst und an ihren Wert. Andererseits besaßen sie jedoch genügend Zähigkeit und Überlebenswillen, sich zu behaupten und eben nicht regressiv sich fallen- und das hieß zumeist, untergehenzulassen.

Insgesamt, so ließen die Interviews – bei aller Vorsicht der Auswertung – erkennen, verfügten diese Untersuchten über schwache Elternintrojekte, über beschädigte, wenig Stärke gebende Idealinstanzen, wodurch wahrscheinlich die besonderen Antwortformen auch in der Konfrontation mit dem Holocaust hervorgebracht wurden. Dies allerdings oft so erfolgreich, daß bei schlechthin unmenschlichen Bedingungen ein Leben und schließlich auch Überleben möglich wurde.

Wiederum anders lagen die Verhältnisse bei Opfern mit akzentuiert progressivem Coping. Speziell die drei genannten Überlebenden hatten übereinstimmend über das verfügt, was man einen erfolgreichen, einen starken Vater der Kindheit nennen kann. Hier war das Vaterbild entscheidend, daneben auch das der Mutter im Sinne einer dem Vater zur Seite stehenden sicheren und in sich ruhenden Mutter.[4] Wie sich zeigte,

4 Ich habe übrigens – soweit dies anhand der Interviews möglich war – versucht, die hier gefundenen Bewältigungsmechanismen in Beziehung zu setzen zu Stärke und Tiefe der religiösen Bindung. Hier waren die Verhältnisse weniger eindeutig. Soweit sich sehen ließ, hatte die Religion keine, eher sogar eine negative Rolle bei der Ausbildung der Fähigkeit zum Überleben gehabt. Immer wieder wurde in den Interviews die Todesbereitschaft – also eher regressive Mechanismen der Wiederverschmelzung und Realitätsabwendung – gerade von tiefreligiös eingestellten Opfern berichtet.

war die gesellschaftliche Stellung der Familie nicht von Bedeutung, sondern vorrangig die Stärke und das Vertrauen, das die Eltern in sich selbst, aber auch von früh auf in das Kind gesetzt hatten. Ein sicheres Vertrauen auf sich, wohl als Folge dieses frühverinnerlichten elterlichen Zutrauens, war auch später das führende Merkmal in der Persönlichkeit dieser Untersuchten.

Hingewiesen wurde bereits auf die wichtige Frage der Folgewirkungen bzw. Spätverarbeitungen der Vernichtungserlebnisse. Die schwersten Folgeschäden – besonders auch auf psychischem Gebiet – zeigten diejenigen, die bevorzugt durch adaptiv-submissive Verhaltensformen versucht hatten zu überleben. Sie waren geprägt von Angst, Alpträumen und Depression, zeigten das, was in den verschiedenen Variationen – oft auch verbunden mit psychosomatisch-körperlichen Störungen – als KZ-Syndrom oder KZ-Folgesyndrom bekannt wurde. Deutlich auch war eine Art gefühlshaft erlebte Persistenz der Bedrohung, ein Nicht-zur-Ruhe-Kommen, ein fortwährendes Sich-immer-noch-bedroht-Fühlen zu erkennen. Daneben überwogen Gefühle der Unversöhnlichkeit, des Nicht-Vergessen-Könnens, der Forschung nach Sühne und Wiedergutmachung. Vom Blickpunkt des Unbewußten drängte sich an manchen Stellen der Eindruck einer Mehrfachdeterminiertheit auf, d. h. der Eindruck, daß die Heftigkeit des Verlangens nach Sühne und Wiedergutmachung unbewußt auch der Heftigkeit des Wunsches nach Sühne und Wiedergutmachung für eigenes früheres Anpassungsverhalten entsprach. Dieser letztere Gesichtspunkt wurde besonders deutlich auch im Vergleich zu jenen Folgewirkungen und Verarbeitungen, die die Überlebenden mit vorwiegend progressivem Coping zeigten. Die Formen der Verarbeitung waren hier sogar gegenteilig. Es war kein Haß spürbar, stattdessen Verachtung oder einfach Nicht-Beachtung. Es bestanden keine Angst und keine Depression. Ganz im Gegenteil: Überlegenheit und Sicherheit. Fast mit Spott berichtete ein geistig außerordentlich reger, bei der Untersuchung nahezu 80jähriger, in den USA lebender Jude über die Verhältnisse in Sobibor. Er war als Koch (für die jüdischen Arbeitshäftlinge) während der ganzen 18 Monate, in der das Vernichtungslager bestand, dort gewesen. Mit einem – bei älteren Menschen nicht seltenen – detailgenauen Gedächtnis für lange zurückliegende und zugleich stark beeindruckende Erlebnisse schilderte er die Zusammenhänge. Jede Einzelheit stand ihm vor Augen. Bis hinein in die psychologischen Beziehungen der Deutschen untereinander hatte er alles registriert. Dabei war er frei von Haß, jedoch von einer so erstaunlich verachtenden Überlegenheit, daß er buchstäblich karrikierend die Psychologie der Täter skizzierte, wobei er – noch nach 35 Jahren – Portraits entwarf, die präzise übereinstimmten mit dem, was die psychologische Persönlichkeitserforschung als charakteristische Wesenszüge eben dieser Täter erkennen ließ.

Die *regressiv,* d. h. durch Mechanismen der Realitätsabwendung und des Rückzuges Überlebt-Habenden wiesen ebenfalls Besonderheiten hinsichtlich der Folgewirkungen bzw. der Spätverarbeitung auf. Auch sie zeigten *nicht* die psychischen Schädigungen, die in der Gruppe mit adaptivem Coping vorherrschend waren. Auf Kurzformel gebracht ließ sich sagen, sie hatten das meiste einfach vergessen.[5] Aus diesem Grunde waren sie auch – gänzlich anders als die mit progressiven Verhaltensformen – schlechte Zeugen vor Gericht. Selbstverständlich waren auch ihnen viele Einzelheiten im Gedächtnis geblieben, jedoch schon die Frage, welcher der Täter denn wo gewesen und was getan habe, stieß auf Schwierigkeiten. So war es z. B. für die strafjuristische Behandlung der Dinge von großem Nachteil, daß einzelne dieser Überlebenden – offensichtlich bona fide – die Personen der Täter sowie Art und Zeitpunkt der Geschehnisse völlig verwechselten. Überhaupt bildet – speziell auch unter den hier genannten Gesichtspunkten – die Frage der gedächtnismäßigen Reproduktion ein ebenso interessantes wie auch wichtiges Problem. Hierauf kann im vorliegenden Rahmen nicht mehr eingegangen werden.

Bezüglich Spätschäden und Folgewirkungen spielte auch die narzißtische Dimension eine nicht geringe Rolle. Wiederum mit Ausnahme derjenigen, die bevorzugt progressive coping-Formen entwickelt hatten, d. h. sich eigentlich mehr oder weniger bewußt als die Überlegenen

5 Wobei es sich hier natürlich um Verdrängungsmechanismen handelte, allerdings in dem Sinne, daß die Verdrängungen größtenteils bereits damals, in der traumatisierenden Situation selbst, erfolgt waren.

fühlten und – was durchaus wichtig war – auch im Lager bereits heimlich schon so gefühlt hatten, war die Verfolgung von vielen verständlicherweise als tiefe narzißtische Kränkung erlebt worden. Die Negation des Selbst, die psychische Vernichtung war häufig sogar das weitaus Schlimmere gewesen. In ihr, nicht in den physischen Qualen und Entbehrungen lagen die stärksten Wurzeln des Nicht-Vergessen-Könnens. Auch hier ließ sich eine Art „Persistenz der Kränkung" erkennen. Die narzißtische Verletzung konnte so tief sein, daß sie – wie es in manchen Fällen schien – ihrerseits abgewehrt werden mußte, um weiterleben zu können. In diese Richtung wiesen z. B. Nachforschungen an einer kleinen, aber bemerkenswerten Gruppe von Überlebenden, die es abgelehnt hatten, sich als Zeugen zur Verfügung zu stellen. So schrieb eine Frau, sie wolle nichts mehr wissen von Verfolgung, sie habe Sobibor aus ihrem Leben gestrichen, sie kenne diesen Ort nicht mehr. Nie habe sie eine Wiedergutmachung beantragt, noch werde sie je eine solche annehmen. Verleugnungs- bzw. Verdrängungstendenzen gegenüber narzißtischen Kränkungen waren in Ansätzen häufig zu beobachten. Sie richteten sich teilweise sogar gegen die eigene Identität. So kam es zu Namensänderungen, zu überstürzter Flucht in andere Länder, auch zu Eheschließungen mit dem Vordergrundmotiv, ein neues Leben zu beginnen. Dahinter verbargen sich nicht selten Wünsche, der Vergangenheit und mit ihr den unerträglichen Verletzungen und Kränkungen zu entkommen. An dieser Stelle ordnet sich das ein, was man als „Schamgefühl der Überlebenden" bezeichnen könnte. Auch hier ist wiederum einschränkend darauf hinzuweisen, daß es sich bei den Untersuchungen nicht um Analysen handelt, sondern um – wenn auch eingehende und mehrfache – Interviews an mehr als 20 Überlebenden. Soweit erkennbar wurde, spielte die Scham eine wichtige Rolle. Sie war immer mit vorhanden, wenn Spätschäden sichtbar waren und zwar je mehr, desto mehr die Verachtung der eigenen Identität im Spiele war. Allerdings war nicht das frühinternalisierte und durch die Ereignisse später so traumatisch wiederbelebte ohnmächtige Selbst der infantilen Zeit das so gefährliche. Viel pathogener erwies sich das ablehnenswerte, das hassenswerte Selbst, das – wenn auch nur in der Phantasie – verraten und paktiert hatte (wie die schwachen Elternteile der Frühzeit).

Wenn man versuchen will, die Ergebnisse der hier vorgelegten Untersuchungen in einigen wichtigen Aspekten *zusammenzufassen*, so läßt sich folgendes sagen: Soweit psychologische Momente überhaupt maßgebend waren (in den meisten Fällen waren sie es nicht), hing die Chance zu überleben entscheidend ab von den als coping-Verhalten bezeichneten Antwortformen gegenüber der tödlichen Realität der Vernichtung. Diese Antwortformen erwiesen sich ihrerseits abhängig von den jeweils gemachten Früherfahrungen im Umgang mit schweren äußeren und inneren Gefahren. Die Nähe oder Übereinstimmung von Ideal-Selbst- zu Real-Selbstanteilen spielte hierbei eine wichtige Rolle. Derjenige, der der psychischen Tötung widerstehen konnte, vermochte nicht selten auch physisch zu überleben. Weiterhin hing von den jeweiligen Bewältigungsmechanismen weitgehend die spätere Verarbeitung des Erlebten und damit auch die wichtige Frage der Folgeschäden ab. Abschließend läßt sich feststellen, daß Sobibor und Treblinka zwar Vergangenheit sind, nicht aber das, was dort geschah. Es besteht Anlaß zu befürchten, daß sich ähnliches in ebenso geheimen Gulags wie damals an mehreren Orten der Erde bis in unsere Tage ereignet. Der ständige Versuch eine reflektierenden Aufarbeitung erscheint deshalb von großer Bedeutung, ist er doch – im weitesten Sinne – vielleicht der einzige Weg, sozusagen per Durchschaubarmachung der Zusammenhänge derartiges in der Zukunft zu verhindern oder es doch wenigstens den Akteuren von Macht und Verfolgung in der Zukunft schwerer zu machen.

Zusammenfassung

Die vorliegende Untersuchung basiert auf Interviews mit 24 Überlebenden des Vernichtungslagers Sobibor sowie auf Beobachtungen, die während eines vierjährigen NS-Prozeßes zum Komplex Sobibor und seiner Täter gesammelt wurden.

Neben den Machanismen der Verdrängung und Verleugnung ließen sich weitere Abwehrformen als kollektive Reaktionen auf die Vorgänge der NS-Verfolgung herausstellen, die Mechanismen der *Historisierung* und die der *Justifizierung*. Historisierung meint die Abkoppelung der Vorgänge von der Jetzt-Zeit, der Versuch, sie als geschichtlich vergangene und überwundene Ereignisse darzustellen. Justifizierung bedeutet die Entschuldung des Kollektivs durch Schuldzuweisung an einzelne. NS-Prozesse bieten in diesem Sinne auch immer die Möglichkeit, durch Schuldprojektion und Privatisierung eine Entlastung des Kollektivs herbeizuführen.

Eingehende und mehrfache Interviews mit den Opfern, die durch den erfolgreichen Ausbruch aus dem Vernichtungslager Sobibor am 14. 10. 1943 überlebt hatten, ließen – bezogen auf die damalige Situation – schwerpunkthaft drei Bewältigungsversuche erkennen: Regressive, adaptive und progressive coping-Formen. Ihre Abhängigkeit von frühen Erfahrungen im Umgang mit schwerer Gefahr wurde deutlich. Die regressiv Überlebenden ließen übereinstimmend starke und gute Mutterintrojekte erkennen. Die submissiv-adaptiv Überlebenden hatten in der Regel schwache, hilflose und wenig Selbstvertrauen spendende Eltern gehabt. Die bevorzugt durch progressive coping-Formen Überlebenden verfügten über starke und Zuversicht spendende Eltern-, insbesondere Vaterintrojekte. Die spätere Verarbeitung der Holocaust-Erlebnisse sowie die Frage der Folgeschäden erwiesen sich – und zwar in Abhängigkeit von den in der Verfolgungssituation selbst gezeigten Anpassungsmechanismen – als ebenfalls unterschiedlich. Versuche einer reflektierenden Aufarbeitung der damaligen Vorgänge, die – in mehrfachem Sinne – immer noch Gegenwart sind, scheinen wichtig. Vor allem psychoanalytische Untersuchungen können hier zu einem tieferen Verständnis der Zusammenhänge führen und damit möglicherweise auch zu ihrer Verhinderung oder doch Erschwerung in der Zukunft beitragen.

Summary

This study is based upon interviews with 24 survivors of the concentration-camp Sobibor as well as on observations made during a 4-years NS-process concerning Sobibor and its persecutors.

Beside the mechanisms of repression and denial further forms of defense against NS-persecution could be recognized: The mechanism of historicizing and justification. Historicizing means detaching the events from the present time, trying to discard them as events of the historical past. Justification means exculpation of the collective body by incriminating the individual. NS-lawsuits make it possible to exonerate the collective body by guilt-projektion and concentrating on personal guilt.

Examination of the victims, who had survived by successful escape from the extermination camp Sobibor showed three coping-forms: regressive, adaptive and progressive coping-mechanisms. The dependency of the victims on early experience with serious danger was evident. All regressive survivors showed strong and positive mother introjects. Submissive-adaptive survivors, as a rule, had had weak, helpless parents who gave their children but little self-confidence. Survivors by progressive coping hat strong father-introjects giving confidence and self-assurance. Subsequent working-up of Holocaust-experience as well as the problems of consecutive damage showed great differences. Attemps to work up the past events reflectively seem to be important as they still seem to be present in more than one respect. Here especially psychoanalytical investigation can lead to a deeper understanding of the context and so possibly may prevent their occurrence in the future.

Literatur

Arndt, I., Scheffler, W.: Organisierter Massenmord an Juden in nationalsozialistischen Vernichtungslagern. Vierteljahrshefte für Zeitgeschichte. 24. Jahrgang, (1976) 2. Heft/ April.

Bayer, W. R. von: Psychiatrie der Verfolgten. Heidelberg (Springer) 1964.

Barocas, H. A., Barocas, E. E.: Manifestations of concentration camp effects on the second generation. American Journal of Psychiatry, *130 (7)* (1973) 820–821.

Bastiaans, J.: Vom Menschen im KZ und vom KZ im Menschen. Essays über Naziverbrechen, Simon Wiesenthal gewidmet. Amsterdam 1973.

– : Het KZ-syndroom en de Menselijke Vrijheid. Ned. T. Geneesk. *118* (1974).

Chodoff, P.: The German concentration camp as a psychological stress. Archives of General Psychiatry *22 (1)* (1970), 78–87.

Cohen, E. A.: Het post-concentratiekamp syndrom. Nederlands tijdschrift voor geneeskunde, *113* (1969).

– : De negentien treinen naar Sobibor. Amsterdam/Brussel (Elsevier) 1979.

Dimsdale, J. E.: The coping behavior of Nazi concentration camp survivors. Amercian Journal of Psychiatry *131 (7)* (1974), 782–797.

Eissler, K. R.: Perverted Psychiatry? American Journal of Psychiatry, *123 (11)* (1967), 1352–1358.

– : Further remarks on the problem of concentration camp psychology. Psyche, *22 (6)* (1968), 452–463.

Eitinger, L.: Coping with aggression. Mental Health & Society *1 (5–6)*, (1974), 297–301.

Freud, S. (1928): Die Traumdeutung. GW II/III.

Hartmann, H. (1939): Ich-Psychologie und Anpassungsproblem. Stuttgart (Klett) 1970.

Karr, St. D.: Second-generation effects of the Nazi holocaust. Dissertation Abstracts International, *34* (1973), 2935–2936.

Keilson, H. (1979): Sequentielle Traumatisierung bei Kindern. Forum der Psychiatrie, (Enke).

Kestenberg, J. S.: Psychoanalytic contributions to the problem of children of survivors from Nazi persecution. Israel Annals of Psychiatry & Related Disciplines *10 (4)* (1972), 311–325.

Kogon, E.: Der SS-Staat. München (Kindler) 1974.

Krystal, H.: Studies of concentration-camp survivors. In: H. Krystal (Hg): Massive psychic trauma. New York (International Universities Press) 1968.

Krystal, H., Niederland, W. G.: Clinical observations on the survivor syndrome. In: H. Krystal (Hg): Massive psychic trauma. New York (International Universities Press) 1968.

Löwenstein, R.: Psychoanalyse des Antisemitismus. Frankfurt a. M. (Suhrkamp) 1967.

Matussek, P., Grigat, R., Haiböck, H., Halbach, G., Kemmler, R., Mantell, D., Triebel, A., Vardy, M., Wedel, G.: Die Konzentrationslagerhaft und ihre Folgen. Berlin (Springer) 1971.

Mitscherlich, A., und M.: Die Unfähigkeit zu trauern. München (Piper) 1967.

Mitscherlich, A., Mielke, F. (1949): Wissenschaft ohne Menschlichkeit Psyche *36* (1982), 1094–1109.

Petsjerski, A.: De opstand in Sobibor, Joods Historisch Instituut, Warschau (Willem A. Maijer) 1979.
Prince, R. M.: Psychohistorical themes in the lives of young adult children of concentration camp survivors. Dissertation Abstracts International *36 (3-E)*, 1453–1454.
Rosenkötter, L.: Schatten der Zeitgeschichte auf psychoanalytischen Behandlungen. Psyche *33 (1979)* 1024–1038.
Schumacher, W.: Psychologische Mechanismen bei der Manipulation des Rechtsbewußtseins in totalitären Systemen. In: K. Lüderssen, F. Sack (Hg.): Vom Nutzen und Nachteil der Sozialwissenschaften für das Strafrecht. Frankfurt (Suhrkamp) 1980.
Signal, J. J., Silver, D., Rakoff, V.: Some second-generation effects of survival of the Nazi persecution. American Journal of Orthopsychiatry *43 (3)* (1973), 320–327.
Simmel, E.: Antisemitismus und Massenpsychopathologie. Psyche, *32* (1978), 492–527.
Simenauer, E.: A Double Helix: Some determinants of the self-perpetuation of Nazism. The Psychoanalytic Study of the Child, *33*, 411–425.
Straker, M.: The survivor syndrome: Theoretical and therapeutic dilemmas. Laval Medical *42 (1)*, 37–41.
Szmaizner, St.: Inferno em Sobibor. Rio de Janeiro 1968.
Tuteur, W.: One hundred concentration camp survivors: Twenty years later. Israel Annals of Psychiatry and Related Disciplines *4 (1)* (1966), 78–90.
Warnes, H.: The traumatic syndrome. Canadian Psychiatric Association Journal *17 (5)* (1972), 391–396.
Wind, E. de: The confrontation with death. International Journal of Psycho-Analysis *49 (2–3)* (1968), 302–305.

Professor Dr. med. et. rer. nat. Willi Schumacher, Mozartstraße 8, D-6300 Gießen